Hessische Sagen für Kinder

Neu erzählt von Elke Leger
Illustriert von Anne Bernhardi

Herausgegeben
von Ulrike Schuldes

ANACONDA

Die Deutsche Nationalbibliothek verzeichnet diese Publikation in der Deutschen Nationalbibliografie; detaillierte bibliografische Daten sind im Internet unter http://dnb.d-nb.de abrufbar.

Umschlaggestaltung: dyadesign, Düsseldorf, www.dya.de,
unter Verwendung einer Illustration von Anne Bernhardi
Satz und Layout: Andreas Paqué, www.paque.de
Printed in Czech Republic 2017
ISBN 978-3-7306-0498-4
www.anacondaverlag.de
info@anacondaverlag.de

Inhalt

Die Sage vom Frankfurter Brickegickel

Wer über die Alte Brücke geht, die die Frankfurter Innenstadt mit dem Stadtteil Sachsenhausen verbindet, kommt an einem hohen Kreuz vorbei. Ganz oben thront ein prächtiger goldener Hahn. Mit diesem Brickegickel hat es eine ganz besondere Bewandtnis.

Vor vielen hundert Jahren bekam ein Baumeister vom Rat der Stadt den Auftrag, die hölzerne Brücke abzureißen und eine Brücke aus Stein über den Main zu errichten. Schnell plante er den Bau, suchte eine Reihe von Helfern zusammen, beschaffte das nötige Werkzeug, und der Brückenbau konnte beginnen. Woche um Woche schufteten die Leute. Aber wie sehr sich die Arbeiter auch anstrengten und wie sehr sie der Baumeister auch antrieb – zum versprochenen Termin würde die Brücke nicht fertig. Schon morgen sollte sie feierlich eröffnet werden.

Niedergeschlagen ging der Baumeister nach Anbruch der Dunkelheit nach Hause. Im Kamin loderte ein wärmendes Feuer, vor das er sich nun setzte. Mit trüben Gedanken starrte er in die Glut. Nie wieder würde er einen guten Auftrag bekommen, wenn er diesen Brückenbau nicht rechtzeitig schaffte. Das wusste er.

Plötzlich sprühten und knisterten die Flammen, Rauch quoll aus dem Kamin und zog in dichten Schwaden durch den Raum. Als sich der Qualm verzogen hatte, stand ein Mann vor ihm. Er sah aus wie ein ganz gewöhnlicher Mensch, doch unter seinem braunen Barett, das er auf dem Kopf trug, zeichneten sich zwei spitze Hörner ab, und nur ein menschlicher Fuß stand auf den Dielen, der andere war ein Pferdehuf.

Der Fremde verbeugte sich. „Du hast ein Problem, habe ich gehört. Vielleicht könnte ich helfen!" Der Baumeister bekam vor Angst eine Gänsehaut. „Meine Probleme gehen nur mich etwas an", sagte er mit zitternder Stimme. „Und jetzt verlass mein Haus!" Er wusste, dass der Teufel höchstpersönlich vor ihm stand. „Nicht so voreilig!", lä-

chelte der Fremde. „Ich helfe gern und wo ich nur kann. Was würdest du sagen, lieber Freund, wenn ich bis morgen die Brücke fertig baue?" Der Baumeister sah ihn mit großen Augen an. „Das schafft niemand! Nicht einmal ein Höllenwesen wie du!"

Der Teufel nahm gelassen Platz, streckte gemütlich seine Beine aus und hielt plötzlich einen Ziegelstein und eine Maurerkelle in seinen Händen. „Dass ich magische Dinge vollbringen kann, dürfte bekannt sein. Da ist so ein Brückenbau wirklich kein schwieriges Unternehmen!" Er sprach so freundlich und überzeugend, dass der Baumeister langsam seine Angst verlor. „Wie könnte das geschehen?", fragte er, denn in ihm wuchs die Neugier. „Wie es gelingt, das verrate ich nicht", entgegnete der böse Gast. „Aber dass es gelingt, das verspreche ich dir." „Und was verlangst du dafür?" „Kein Geld und kein Gold. Nur die Seele desjenigen Zweibeiners, der als Erster über die Brücke geht!"

Der Baumeister seufzte erleichtert. Das hörte sich gut an! Fast geschenkt war es, was der Teufel ihm da anbot. Seine Sorgen wären verflogen, die Ratsherren würden ihn und seine Leute kräftig loben und ihm immer wieder gut bezahlte Aufträge anbieten. Warum sollte er nicht auf den Vorschlag des bösen Besuchers eingehen? „Also gut!", rief er und streckte dem Teufel die Hand entgegen. „Erfülle deinen Teil der Abmachung, dann erfülle ich meinen!" Elegant erhob sich der Teufel vom Stuhl, reichte dem anderen die Hand, drehte sich an der Tür noch einmal lächelnd um und verschwand.

In der Nacht bekam der Baumeister dann doch Angst. Worauf hatte er sich da eingelassen? Am liebsten würde er die Abmachung rückgängig machen. Denn der Erste, der über die fertige Brücke gehen würde, war immer der Erbauer selbst. So war es der Brauch. Also würde der Teufel ihm, dem Baumeister, die Seele nehmen und mit ihr in die Hölle fahren. Schlaflos lag er in seinem Bett.

In der Morgendämmerung erhob er sich. Gerade krähte ein Hahn den neuen Tag herbei. Da hatte der Baumeister eine Idee.

Auf der Brücke wartete schon der Teufel. Lässig lehnte er an der steinernen Brüstung. „Was sagst du nun!", rief er. „Alles fertig, wie versprochen! Komm und sieh es dir an!" Staunend stand der Baumeister vor der Brücke, die nun doch pünktlich fertig geworden war. Wunderschön zog sie sich über den Fluss, genau so, wie er es geplant hatte. „Ich gratuliere", rief er dem Teufel zu. „Du hast wirklich gute Arbeit geleistet!" Am liebsten wäre er sofort auf der neuen Brücke über den Main geschritten. Aber er wusste ja, was der Teufel von ihm forderte. Wollte er seine Seele retten, durfte er das Bauwerk nicht als Erster betreten.

In einem Sack hatte der Baumeister einen Hahn mitgebracht. Den befreite er nun und scheuchte das Tier vor sich her über die Brücke. Aufgeregt flatternd trippelte der Hahn dem Teufel entgegen. „Hier ist der Zweibeiner, dem du die Seele nehmen kannst!", rief der Baumeister. „Er ist der Erste, der über die neue Brücke läuft!"

Der Teufel, der mit dem Wort „Zweibeiner" natürlich einen Menschen gemeint hatte, merkte nun, dass er hereingelegt worden war. Sein Gesicht verzog sich zu einer zornigen Grimasse, mit schrecklicher Stimme begann er zu brüllen. Er packte den Hahn, zerriss ihn in der Luft und warf die beiden Teile des toten Tieres so hart gegen die Brückenmauer, dass zwei Löcher entstanden. Darauf verschwand er in einer Wolke aus Schwefeldampf, die sich langsam über dem Main auflöste.

Die Ratsherren lobten den Baumeister für die schöne Brücke und seine Klugheit, mit der er den Teufel hereingelegt hatte. Die beiden Löcher in der Mauer gefielen ihnen jedoch gar nicht. So baten sie ihn, den Schaden zu beheben. Aber es gelang nicht: So oft man die Brücke zu reparieren versuchte, am andern Tag waren die Löcher wieder da. Auch dabei hatte wohl der Teufel seine Finger im Spiel.

Heute sind die Löcher nicht mehr zu sehen, denn die Sachsenhäuser Brücke, die man später Alte Brücke nannte, wurde abgerissen und wieder neu aufgebaut. Der goldene Brickegickel, der Brückenhahn, erinnert aber noch immer an den schlauen Baumeister, der mit einer List den Teufel besiegte.

Frau Holles Reich

In Wickenrode am Hohen Meißner stand früher ein prächtiger Bauernhof, den man den „Honighof" nannte. Denn süß wie Honig schien den Leuten das Leben der Bauernfamilie. Bauer Karl und seine beiden Söhne hatten alles, was man sich nur wünschen konnte. Ihr Hof war der größte und schönste weit und breit. Jeder, der hier vorbeikam, staunte über den Reichtum.

Aber das Geld und das Gold hatten das Herz des Bauern hart gemacht. Nie gab er etwas davon den Armen, die an seine Tür klopften und um etwas zu essen baten. Unbarmherzig jagte er sie fort. Seine beiden Söhne waren aus dem gleichen Holz geschnitzt. Von ihrem Reichtum gaben sie niemandem etwas. Ihre größte Freude war es, ihr Geld und Gold zu zählen. Karl hatte eine Tochter, Katinka. Sie verstand nicht, warum der Vater und die Brüder so geizig waren. Oft stibitzte sie in der Küche ein wenig Milch und gab sie der streunenden Katze, die ab und zu miauend vor der Tür saß. Heimlich musste Katinka das tun, sonst wäre sie bestraft worden.

Eines Tages klopfte es an der Tür. Der Bauer öffnete. Eine alte Frau stand gebückt vor ihm. „Was willst du!", schnauzte er sie an. „Ein wenig zu essen und ein Glas Wasser. Bitte!" Die Frau sah ihn flehend an. „Wenn du etwas essen

willst, dann kauf es dir!", schrie Karl. Und mit aller Kraft warf er die Tür zu. Die alte Frau ging langsam zurück über den Hof auf den geflochtenen Weidenzaun zu, der das Anwesen umgab. Da hörte sie hinter sich eine leise Stimme. „Warte! Ich habe etwas für dich!" Die Alte sah sich um. Katinka lief auf sie zu, in der Hand einen Korb mit Brot, etwas Gemüse und Fleisch und einer Flasche Milch. „Da, nimm!", sagte sie zu der Frau. „Du sollst nicht hungern. Die anderen müssen davon ja nichts wissen!" Und schon war sie zum Haus zurückgelaufen und hinter der Tür verschwunden.

In der Nacht hörte Karl plötzlich laute Stimmen. „Feuer!", rief einer seiner Söhne. „Unser Haus brennt!" „Und auch die Scheune!", schrie der andere Sohn. Der Bauer setzte sich schlaftrunken in seinem Bett auf. Sein Blick fiel aus dem Fenster. Er sah, wie die Scheune in hellen Flammen stand. Durch das Haus zog der Geruch nach Rauch. Nur mit Not konnte sich die Familie ins Freie retten.

Da standen sie nun, der Bauer und seine Kinder, und mussten zusehen, wie ihr ganzer Reichtum zu Asche zerfiel. Ein Blitz hatte Haus und Scheune getroffen. „Das hat die Frau Holle getan!" Da waren sich die Nachbarn sicher. Ja, es war die Frau Holle, die in dieser Gegend oft in Gestalt einer alten Frau umherzog. Sie war es, die im Honighof um ein Stückchen Brot gebeten hatte. Und sie war es auch, die den hartherzigen Karl durch einen Blitzschlag bestrafte.

Von nun an mussten Karl und seine Söhne in Armut und Bescheidenheit leben. Katinka aber fand das Glück: Sie wurde Bäuerin auf einem schönen Hof und lebte in Wohl-

stand und Freude. Sie wusste, dass sie der Frau Holle ihr Glück verdankte. Darum vergaß sie nie, von ihrem Reichtum an die Armen etwas abzugeben.

Frau Holle, die wir aus dem Märchen kennen, ist in der Gegend um den Hohen Meißner herum zu Hause. Die Leute sagen: Ist der Meißner in Nebel gehüllt, dann macht Frau Holle Feuer und kocht. Ist der Himmel überm Meißner rot, dann backt die Frau Holle.

Viele Sagen und Geschichten berichten von dieser geheimnisvollen Frau, die die Guten oder Fleißigen belohnt und die Bösen oder Faulen bestraft. Zu Frau Holles Zeit, als man seine Kleidung noch nicht im Geschäft kaufen konnte, saßen die Mädchen und Frauen am Spinnrad und spannen aus Wolle oder Flachs die Fäden, aus denen dann Stoffe gewebt wurden. Frau Holle passte gut auf, dass die Mädchen fleißig waren, dann schenkte sie ihnen neue Spindeln und half ihnen bei der Arbeit. Faulen Spinnerinnen aber brachte sie das Garn durcheinander, das die Mädchen dann mit viel Mühe wieder entwirren mussten.

So mancher Ort erinnert an die Frau Holle. Ihre Wohnung, so sagt man, hat sie in einer Höhle im „Hohlstein" in Bad Sooden-Allendorf, zwischen den Stadtteilen Kammerbach und Hilgershausen. Und auf einem großen Stein am Südhang des Hohen Meißners soll Frau Holle an warmen Sommertagen in einem weißen Kleid am Spinnrad sitzen oder ihr Haar kämmen. Darum heißt dieser Felsblock bis heute „Frau-Holle-Stuhl". Wer krank ist und sich daraufsetzt, der wird gesund.

Ritter Georg und der Drache am Brunnen

In längst vergangener Zeit, als auf den Burgen noch Ritter lebten, kam ein wilder Drache nach Nieder-Beerbach am Rande des Odenwalds. Gruselig sah er aus. Grüne Schuppen bedeckten seinen Leib, grausam funkelten seine schmalen Augen. Aus dem Maul zuckte eine lange gespaltene Zunge. Er ließ sich am Brunnen des Dorfes nieder. Und hier blieb er, den Schwanz mit der giftigen Spitze um den steinernen Brunnen-Rand geschlungen. Tag und Nacht lag er wachsam auf der Lauer, und wehe, jemand näherte sich. Dann fauchte das Untier, und heißer Atem quoll aus seinem Maul. Die Dorfbewohner konnten ihre Töpfe und Eimer nur befüllen, wenn sie ihm Tag für Tag ein Schaf opferten. Während der grässliche Lindwurm seine Beute gierig verschlang, war er abgelenkt, und die Bauern konnten das Wasser schöpfen, das sie so dringend brauchten.

„Morgen sind wir an der Reihe!" Bauer Mathes sah aus dem Fenster. Gerade trieb sein Nachbar eins seiner Schafe durch das Dorf. Am Brunnen würde er es anbinden müssen und nie wiedersehen. „Ja, Mathes! Morgen sind wir an der Reihe! Unser letztes Schaf!" Magdalen, des Bauern Frau, kam in die Stube und wischte sich die Hände an der Schürze

ab. Eben hatte sie mit der Magd die leinenen Bettlaken im großen Holz-Zuber eingeweicht, um sie später mit Buchen-Asche zu waschen. „Aber was sollen wir machen, Mathes? Würden wir dem Drachen nicht unsere Schafe bringen, könnten wir kein Wasser holen und müssten verdursten. Kein Essen könnten wir kochen, keine Wäsche waschen. Das Untier zerstört uns und unser Dorf. Selbst die Herren von Frankenstein oben auf der Burg werden nicht verschont! Auch Ritter Georg muss seine Schafe opfern!"

Mathes sah seine Frau sorgenvoll an. „So geht das nicht weiter! Wir alle hier im Dorf werden bald hungern müssen. Irgendwann werden wir keine Schafe mehr haben, dann frisst er uns die Schweine weg. Und dann die Kühe. Es muss etwas geschehen!" Magdalen nickte. „Ich werde sehen, was zu tun ist."

Am Rand des Dorfes lebte die alte Agnes, der man nachsagte, sie sei sehr weise. Es hieß, sie verstehe die Sprache der Tiere, und gegen so manche Krankheit hatte sie die richtige Medizin. Aus Kräutern und geheimnisvollen Zutaten braute sie Tränke und Säfte, und auch wer Sorgen hatte, suchte sie auf. Denn sie war eine kluge Frau, die immer einen Rat wusste.

Agnes saß vor ihrer ärmlichen Hütte in der Sonne und lauschte dem Gesang der Vögel. „Jaja, ich weiß, morgen wird es schlechtes Wetter geben", rief sie den Schwalben zu, die über ihr ihre Runden zogen und zwitschernd mit ihr sprachen. In diesem Moment sah die Alte eine Frau auf ihre Hütte zukommen. Es war Magdalen. „Wie schön, dass du mich be-

suchen kommst!" Die Alte stand mühsam auf und humpelte zur Tür. „Komm herein, Magdalen! Was führt dich zu mir?"

Magdalen setzte sich auf einen wackeligen Stuhl und seufzte. „Das Untier am Brunnen macht uns das Leben sauer." Sie sah Agnes traurig an. „Jeden Tag ein Schaf, das geht auf Dauer nicht mehr. Morgen wird Mathes der Bestie unser letztes Schaf opfern. Bald werden wir alle hier im Dorf hungern müssen!" Die alte Agnes nickte. „Ich weiß, was ihr durchstehen müsst. Ich kenne dieses böse Wesen. Es hat schon in so manches Dorf Angst und Armut gebracht. Aber es gibt einen Ausweg. Auch wenn der sehr grausam ist." „Einen Ausweg?" Magdalen sprang auf. „Sag ihn mir!"

„Tja", begann Agnes, „der Drache wird aus dem Dorf verschwinden, wenn ihm etwas ganz Besonderes geopfert wird. Das Liebste und Schönste, das es hier bei uns gibt, das will er haben. Nur dann wird er das Dorf verlassen." „Das Liebste und Schönste? Was könnte das sein?" „Ein Mensch ist es", entgegnete Agnes. „Ein Mensch, der so schön ist, dass die Sterne bei seinem Anblick heller strahlen. Und der so gut ist, dass es selbst die wilden bissigen Hunde fühlen und sich brav niederlegen. Ahnst du, wen ich meine?" Magdalen sah die Alte erschrocken an. „Anna-Marie. Die Tochter des Försters", sagte sie leise. „Ist sie es, die du meinst?" Agnes nickte. Magdalen nahm sie in die Arme. „Ich danke dir für deinen Rat." Mit langsamen Schritten verließ sie die Hütte der Alten.

Zu Hause angekommen, erzählte sie weinend, was sie von der alten Agnes erfahren hatte. Mathes hörte seiner Frau

schweigend zu. Dann sagte er: „Anna-Marie opfern? Ihr Vater wird es nie zulassen!" Er beschloss, sich mit den anderen Bauern zu beraten. So traf man sich abends in der Gastwirtschaft am Dorfplatz. Auch der Förster und seine Tochter waren gekommen. „Niemals wird Anna-Marie dem Drachen vorgeworfen!", rief ihr Vater. „Es muss doch eine andere Möglichkeit geben!" Die Bauern zuckten mit den Schultern und sahen sich hilflos an. „Dann sag sie uns. Wir wissen uns keinen Rat mehr." Da stellte sich Anna-Marie mitten in den Kreis der Männer. Sie sah alle der Reihe nach an. „Du kannst unser Dorf nicht retten, Benedict. Und auch du nicht, Adam. Und du, Simon, ebenso wenig. Ich bin die Einzige, die euch von diesem Untier befreien kann. Und das werde ich auch tun! Bringt mich gleich morgen zum Brunnen!"

Und so geschah es. Alle Dorfbewohner geleiteten das junge Mädchen zu dem Platz, an dem der grässliche Lindwurm lagerte. Neugierig und aufmerksam sah die Bestie den Menschen entgegen und fauchte drohend. Plötzlich erblickte der Drache das Mädchen, das an der Hand seines Vaters auf ihn zukam. Bewegungslos starrte er Anna-Marie an. Dann erhob er sich, sodass sein Kopf auf dem langen Hals hoch über den Menschen schwebte. Seine Schlangen-Zunge zuckte aus dem Maul. Er wartete. Anna-Marie aber blickte über die Wipfel des Odenwalds, hinauf zur Burg Frankenstein, in der Ritter Georg, ihr Liebster, lebte. Würde sie ihn jemals wiedersehen?

Georg stand auf der Zugbrücke seiner Burg. Gerade war er von einem Kriegszug heimgekehrt, noch hatte er seine

Rüstung nicht abgelegt. Sein Blick fiel über die Rheinebene, die in goldenem Sonnenlicht lag. Da vernahm er von unten aus dem Dorf laute Stimmen. „Du böses Untier!", rief jemand, eine Frau weinte. Georg von Frankenstein lauschte. Er hörte das Fauchen des Drachen, und dann die Stimme seiner Liebsten: „Geht nach Hause! Es ist mein Schicksal und meine Pflicht, mich zu opfern!" So schnell er konnte, verließ Georg die Burg und lief in seiner schweren Rüstung dem Dorf entgegen. Da sah er, wie Anna-Marie am Brunnen furchtlos vor der Bestie stand. Der Drache war so in ihrem Anblick gefangen, dass er nicht bemerkte, wie Georg sich ihm näherte. Der Ritter zückte sein scharfes Schwert und stürzte sich auf das Untier.

Es begann ein Kampf um Leben und Tod. Mit seinen langen Krallen versuchte der Drache, den Ritter aufzuschlitzen, sein Maul schnappte nach dem Angreifer. Aber in seiner festen Rüstung war Georg gut geschützt. Immer wieder hieb er mit seinem Schwert auf den Lindwurm ein. Bald hatte er das Untier so schwer verletzt, dass es fauchend zu Boden sank. Mit einem einzigen Schwerthieb schlug Georg ihm den hässlichen Kopf ab.

Im Todeskampf peitschte der Schwanz des Drachen auf den Ritter ein. Da fühlte Ritter Georg einen brennenden Schmerz in seinem Bein. In der linken Kniekehle, die von der Rüstung nicht bedeckt war, hatte die giftige Schwanzspitze des sterbenden Drachen ihr Ziel gefunden. Das Gift floss in Georgs Körper. Leblos sank er zu Boden. Und seine liebe Anna-Marie weinte bitterlich um ihn.

In der Kirche von Nieder-Beerbach ist noch heute der Grabstein von Ritter Georg von Frankenstein in seiner Rüstung zu sehen, zu seinen Füßen der besiegte Drache. In mittelalterlicher Sprache ist darauf zu lesen: „Im Jahre des Herrn 1531 am Lucia-Tag ist in Gott verschieden der edle und ehrenfeste Georg zu Frankenstein, dem Gott gnädig sei."

Der Erbacher Schlurcher

Im Odenwald, im schönen Mümlingtal, liegt die Stadt Erbach. Dort gab es vor vielen Jahren ein Wirtshaus, den „Roschbacher Hof". Müde und durstige Wanderer kehrten hier gern ein, und die Bewohner von Erbach trafen sich im Schankraum oft zum Essen und Trinken und Plaudern.

Die Erbacher wussten, dass es in diesem Wirtshaus nicht mit rechten Dingen zuging. Fremde aber erschraken oft, wenn sie davon erfuhren. Im Roschbacher Hof spukte es nämlich. Es war kein böser oder unheimlicher Spuk: Ein hilfsbereiter und meist freundlicher Geist hatte sich hier auf dem Dachboden sein Zuhause gesucht. Er sah ganz und gar nicht gruselig aus. Sein Körper war in ein langes graues Gewand mit Kapuze gehüllt, um seinen Bauch hatte er einen Strick als Gürtel gebunden. Lustig blitzten blaue Augen in seinem faltigen Gesicht, ein Büschel grauer Haare wuchs auf seinem runden Kopf. An seinen Füßen trug der Geist Holzpantoffeln. Niemand konnte überhören, wenn er im Haus unterwegs war. Er hatte nämlich die Angewohnheit, seine Füße beim Gehen nicht zu heben, sodass die Pantoffeln laut über das Holz der Dielen oder Treppenstufen scharrten. „Schlurchen" nannten die Menschen das, und so gaben sie ihm den Namen „Schlurcher".

Gern half der Schlurcher den Leuten im Haus bei ihrer Arbeit. „Schlurcher, komm und hilf mir!", rief Babette, die Magd, und hielt den Weidenkorb mit der gewaschenen Wäsche in die Höhe. Schon hörte sie auf der Treppe das Scharren der Pantoffeln und der Schlurcher stand vor ihr. Wortlos nahm er ihr den Korb ab, trug ihn nach draußen hinters Haus und hielt ihn geduldig, während Babette die Wäschestücke auf die Leine warf. Auch in der Küche half er gern, schälte Kartoffeln und wusch ab, schnitt das Gemüse und

schuppte den Fisch. Er fegte den Boden, half die schweren Bierfässer in die Wirtschaft zu rollen, und die Leute wussten gar nicht, wie sie ohne seine Hilfe hätten zurechtkommen können. Niemand, der ihn so bei der Arbeit sah, hätte vermutet, dass er eine Spukgestalt vor sich hatte. Doch alle, die ihn kannten, wussten: Der Schlurcher war ein leibhaftiger Geist. Denn er kam und verschwand so plötzlich, wie es nur Geister können.

Oft saßen abends die Bauern aus der Umgebung am Stammtisch in der Schankstube und spielten Karten. Einer von ihnen sagte an einem solchen Abend lachend: „Stellt euch vor, jetzt käme der Schlurcher zu uns!" Kaum hatte er diese Worte ausgesprochen, saß der Schlurcher tatsächlich bei ihnen und wollte mitspielen. Dazu hatten die Bauern aber keine Lust, denn wer spielt schon gern mit Geistern Quartett? Darum standen sie auf und ließen ihn einfach allein am Tisch sitzen. Da ärgerte sich der Schlurcher gewaltig. Wütend verließ er den Raum und verschwand empört nach oben auf den Dachboden.

Eines Tages kam ein fremder Bauer in das Wirtshaus. Er hatte auf dem Viehmarkt gute Geschäfte gemacht und wollte den erfolgreichen Tag nun mit einem Schoppen Wein begießen. Da hörte er plötzlich auf der Treppe scharrende Schritte, und im nächsten Moment stand der Schlurcher vor dem Gast. In der Hand hielt er eine Pfeife, die zündete er am Kamin an und setzte sich zum Bauern an den Tisch. Schweigend starrte er ihn an und blies ihm den Pfeifenrauch ins Gesicht. Der Fremde wusste nicht, wer sein Gegenüber war und was er wollte. „Kennen wir uns?", fragte er schließlich, doch der Schlurcher gab keine Antwort. Sein Mund verzog sich zu einem breiten Grinsen. Für einen Moment wurde er unsichtbar, dann saß er wieder auf seinem Stuhl, als wäre nichts geschehen. Dem Bauern wurde ganz unbehaglich zumute. Der Wirt, der hinter dem Schanktresen die Gläser polierte, hatte alles beobachtet und ahnte, was der Hausgeist vorhatte. Denn der Schlurcher war ein

eifersüchtiger Geist. Am liebsten hätte er die Leute vom
Roschbacher Hof ganz für sich gehabt. Dass ab und zu Rei-
sende kamen, die sich in die Schankstube setzten und sogar
in einem der Gästezimmer wohnten, das gefiel ihm ganz
und gar nicht. Darum war es ihm ein großer Spaß, die
Fremden zu ärgern und zu vertreiben. Das kannte der Wirt
schon. „Du sollst doch die Gäste in Ruhe lassen!", rief er
dem Schlurcher zu. „Ab mit dir auf deinen Dachboden!"
Augenblicklich war der Geist verschwunden, und auf der
Treppe hörte man ein Paar Pantoffeln eilig nach oben
schlurchen. An diesem Abend würde er keinen Schaber-
nack mehr treiben. Aber vielleicht kamen ja morgen neue
Fremde, die er nach Geisterart necken konnte.

Der Soldat und der Bettler

In Kassel lebte einst ein Soldat namens Franz, der im Dienst des Landgrafen Moritz von Hessen-Kassel stand. Er war ein netter Mensch, und doch war er nicht beliebt bei den Nachbarn und seinen Soldaten-Kollegen. Sie tuschelten hinter ihm her, wenn er vorüberging. „Wo hat er nur das viele Geld her?", fragten sie sich neidisch. „Gut gekleidet wie ein wohlhabender Herr stolziert er herum!" „Und seine Frau kauft beim teuersten Krämer in Kassel ein!" Ja, Franz war reich, und das zeigte er auch gern. Aber sein Reichtum passte ganz und gar nicht zu seinem Beruf: Er war ein einfacher Soldat. Und Soldaten verdienten damals, vor fast fünfhundert Jahren, nur sehr wenig.

Seine Kameraden, die mit ihm beim Landgrafen Moritz dienten, mussten jeden Heller umdrehen, bevor sie ihn ausgaben. Franz aber hatte immer Geld in der Tasche, und kein Bettelmann ging leer aus, wenn er ihm begegnete. Die anderen Soldaten begannen neidisch zu werden. „Unsereiner bekommt vom kläglichen Sold mit Müh und Not die Kinder satt. Franz aber hüllt seine Kinder in Samt und Seide und wirft das Geld mit beiden Händen zum Fenster heraus. Das geht nicht mit rechten Dingen zu!" Einer von ihnen schlug

vor, Graf Moritz von der Sache zu berichten. Vielleicht wusste ja ihr Dienstherr, wo der Reichtum herkam. Oder bekam Franz etwa mehr Sold als die anderen? Sie wollten der Sache auf den Grund gehen. So machten sie sich auf zum Schloss des Landgrafen.

Landgraf Moritz war ein weiser Mann. Man nannte ihn den Gelehrten, denn er sprach acht Sprachen und liebte die Kunst und die Wissenschaft. „Was führt euch zu mir?", fragte er die kleine Gruppe von Soldaten, die nun im prunkvollen Empfangssaal des Schlosses vor ihm stand. „Wie kann ich euch helfen?" Frieder, ein junger und mutiger Soldat, trat nach vorn. „Edler Graf, wir wollen niemanden anschwärzen", begann er. „Aber es ist doch verwunderlich, dass Franz offensichtlich viel mehr verdient als wir. Ist das gerecht?" Der Landgraf schüttelte den Kopf. „Ihr alle erhaltet den gleichen Sold. Ohne Ausnahme. Ich bevorzuge niemanden." „Aber wie kann er sich dann ein Leben in Saus und Braus leisten", fragte Frieder trotzig, „während wir anderen eisern sparen müssen, um uns und unsere Familien ernähren zu können?"

Landgraf Moritz dachte nach. Dann sagte er: „Ich werde es herausfinden!"

Als es Abend wurde, zog der Graf einen alten geflickten Mantel an und stülpte sich einen zerfaserten Strohhut auf den Kopf. Über den Rücken warf er sich einen groben Rucksack. So verkleidet ging er zu dem Haus, in dem Franz mit seiner Familie lebte. Er klopfte. Franz öffnete die Tür. „Was willst du?" „Ach, lieber Herr", sprach der Bettler, der in

Wirklichkeit Landgraf Moritz war, „das Wetter ist schlecht, ich friere und bin müde und habe kein Heim. Lass mich doch in deinem Haus übernachten!"

Franz sah den abgerissenen Bettler misstrauisch an. „Trägst du Flöhe oder Wanzen mit dir herum?" Der Bettler schüttelte den Kopf. „Dann komm herein, für arme Menschen wie dich gibt es bei mir immer ein warmes Bett und auch etwas zu essen und zu trinken!"

Er deckte den Tisch und trug die herrlichsten Dinge auf: Brot und Butter, Wurst und Käse und sogar einen leckeren Braten. Dazu eine Flasche kostbaren Wein. Der Bettler ließ es sich schmecken. „So gut habe ich lange nicht gegessen", meinte er. „Ein so reicher Mann wie du kann sich solche Köstlichkeiten natürlich jeden Tag leisten." Franz sah ihn freundlich an. „Kannst du ein Geheimnis für dich behalten?" „O ja", gab der Bettler eifrig zurück. „Was man mir im Vertrauen erzählt, das plaudere ich niemals aus!" „Dann werde ich dir noch in dieser Nacht etwas zeigen, das auch dich zu einem reichen Mann macht! Leg dich aber erst mal schlafen!"

Das tat der Bettler. Um Mitternacht bemerkte er, wie Franz sein Zimmer betrat. In der Hand hielt er eine Kerze, die den Raum ein wenig erleuchtete. Franz rüttelte ihn an der Schulter: „Steh auf und zieh dich an!"

Die beiden Männer verließen das Haus und schlichen durch die nächtlichen Straßen von Kassel. Als sie am Geschäft eines Schneiders vorbeikamen, zog Franz eine Pflanzenwurzel aus der Tasche, die ein wenig wie ein mensch-

licher Körper geformt war. Es schien, als
hätte sie Arme, Beine und auch einen
Kopf. Diese Wurzel hielt Franz an
das Türschloss, und im Nu
sprang es auf. Verwundert
folgte der Bettler ihm in den
Laden. „Greif zu!", meinte
Franz. „Hier liegt so viel
herum, das nicht mehr
gebraucht werden kann.
Wir aber können es
für gutes Geld ver-

kaufen!" Und schon stopfte er Leinen, Samt und andere Stoffe, die falsch geschnitten und nicht mehr zu verwenden waren, in den Rucksack des Bettlers.

Die beiden Männer, der Landgraf Moritz und der Soldat Franz, gingen weiter durch die nächtlichen Gassen von Kassel. Es hatte begonnen zu schneien, die Bäume und Büsche waren weiß überpudert. Von Zeit zu Zeit sagte Franz: „Hier versuchen wir es!" Dann zog er die Springwurzel aus der Tasche, hielt sie ans Schloss einer Tür, und schon konnten sie das Geschäft ohne Schlüssel betreten. Beim Metzger packten sie Wurst und Schinkenstücke ein, beim Bauern Kartoffeln, Kohl und Rüben, beim Kürschner Leder und Felle. Aber nie nahmen sie etwas, das der Geschäftsmann noch hätte verwenden können. Immer waren es Reste oder andere Dinge, die nicht mehr verwertet werden konnten. Immer schwerer wurde der Rucksack, den Landgraf Moritz auf seinem Rücken trug. Und immer neugieriger wurde er, was es mit dieser Springwurzel auf sich hatte. Endlich hielt er es nicht mehr aus.

„Sag mir, Franz", wandte er sich an seinen Begleiter, „was ist das für eine Wunder-Wurzel, die dir alle Türen öffnet?" Franz lachte verschmitzt. „Eine solche Springwurzel", begann er, „bekommt man nur auf eine ganz bestimmte Art und Weise." Landgraf Moritz hörte gespannt zu. „Und wie geschieht das?" „Zuerst", fuhr Franz fort, „muss man das Nest eines Grünspechts finden. Dann verschließt man das Einflugloch mit einem Stückchen Holz. Wenn nun der Specht kommt und seine Höhle verschlossen findet, macht

er sich auf die Suche nach einer Springwurzel. Nur der Grünspecht findet sie, kein Mensch weiß, wo eine solche Wurzel wächst. Die hält er dann mit dem Schnabel an den Eingang seiner Höhle. Und schon öffnet sich sein Nest." „Gut", wandte Graf Moritz ein. „Aber wie kommt ein Mensch an eine solche Wurzel?" „Nun, man macht Krach, sodass der Vogel erschrickt und die Springwurzel fallen lässt. Man muss sich nur noch bücken und sie aufheben! Und schon öffnen sich alle Türen."

Graf Moritz hörte gebannt zu. Und er beschloss, Franz zu prüfen. Dass er sich nahm, was bei den Kaufleuten übrig war, sah der Landgraf nicht als Verbrechen an. Aber würde er auch stehlen? So seufzte er und sagte sehnsuchtsvoll mit seiner Bettler-Stimme: „Ach, könnten wir doch mit der Zauberwurzel auch in die Schatzkammer unseres Landgrafen Moritz gelangen!" „Nichts leichter als das", erwiderte Franz. „Komm nur mit!"

Im Morgengrauen erreichten sie das Schloss des Landgrafen. Es war durch viele eiserne Türen gesichert. An jede von ihnen hielt Franz die Springwurzel, und jede sprang sofort auf. Schon nach kurzer Zeit standen sie in der Schatzkammer. Franz bekam große Augen, als er die Reichtümer sah. Berge von Goldmünzen und glitzernde Edelsteine lagen dort. Der Bettler, der ja eigentlich der Eigentümer dieser Schätze war, tat erstaunt. Er nahm eine Handvoll Münzen und steckte sie in seinen Rucksack. Dabei sah er Franz prüfend an: Würde er es zulassen, dass man seinen Herrn bestahl? Doch kaum hatte er das Gold genommen, als er drei

kräftige Ohrfeigen bekam. „Leg zurück, was du genommen hast!", befahl Franz. „Unserem Fürsten muss man treu sein, den darf man nicht bestehlen! Man darf niemanden bestehlen." Schnell legte der Landgraf das Gold zurück. „Und jetzt komm", sagte Franz. „Du hast gesehen, was du sehen wolltest, lass uns nach Hause gehen und noch einige Stunden schlafen."

Nachdem sie erwacht waren, bereitete Franz dem Bettler ein gutes Frühstück und steckte ihm noch etwas Geld zu. „Wenn du mehr brauchst, komm nur wieder zu mir", meinte er zum Abschied. „Du sollst nicht betteln müssen!"

Landgraf Moritz kehrte in sein Schloss zurück, zog die Bettler-Kleidung aus und legte sein kostbares Fürsten-Gewand an. Dann ließ er Franz rufen. Kurze Zeit später stand Franz vor dem Landgrafen im prächtigen Saal des Schlosses. Er konnte sich nicht erklären, warum ihn der Herrscher zu sich gerufen hatte. „Ich habe gehört", begann Graf Moritz, „du seist ein reicher Mann. Woher kommt dein Reichtum?" „Wir müssen unser Geld mit harter Arbeit verdienen, meine Frau und ich", gab Franz zurück. Von der Springwurzel erzählte er nichts. Da sagte der Landgraf: „Kann es vielleicht sein, dass das nicht stimmt? Kann es vielleicht auch sein, dass du nachts in meine Schatzkammer gingst und mir dort Ohrfeigen gabst?"

Da erkannte Franz, wer der Bettler gewesen war, fiel vor seinem Herrn auf die Knie und bat, ihn nicht allzu schwer zu bestrafen. Landgraf Moritz aber dachte nicht an Strafe. „Du hast mir gezeigt, dass du mir treu ergeben bist. Von meinen Schätzen hast du nichts angerührt. Auch hast du bewiesen, dass du ein mitleidiges Herz hast. Darum werde ich dich nicht bestrafen, sondern belohnen. Von nun an bist du mein persönlicher Diener und Vertrauter, und es soll dir und deiner Familie an nichts fehlen!"

Nun hatte Franz eine gut bezahlte Stellung am Hof des Landgrafen und brauchte keine Springwurzel mehr, um in Wohlstand leben zu können.

Die Sage vom Irrkraut

Von vielen Pflanzen und Kräutern wissen wir, dass sie heilende Kräfte haben und Krankheiten vertreiben können. Aber es gibt auch die anderen, die dem Menschen schaden. Früher meinte man, zu diesen schädlichen Pflanzen gehöre auch der Farn mit seinen langen gezackten Blättern, die man Wedel nennt. Diese Pflanze, so glaubten viele, mache die Menschen wirr und verrückt. Darum nannte man sie auch „Irrkraut".

In Rixfeld, das heute ein Stadtteil von Herbstein im Vogelsbergkreis ist, lebte ein Mann namens Clemens. Er war von Beruf Goldschmied und wohnte mit seinem Bruder Conrad in einem Häuschen am Rand des Dorfes. Von Zeit zu Zeit besuchte Clemens die Nachbarorte, um dort auf Märkten und Messen Käufer für seine kunstvoll gefertigten Ringe und Ketten zu finden. An einem heißen Tag im August machte er sich auf den Weg nach Lauterbach. Auf dem Rücken trug er einen Rucksack mit den Schmuckstücken, die er in seiner Werkstatt in Rixfeld gefertigt hatte und in Lauterbach verkaufen wollte. Fröhlich marschierte er die Landstraße entlang, vorbei an blühenden Büschen und einem Kornfeld, auf dem sich der Roggen im sanften Wind wiegte. Er kam durch einen Wald, in dem ein kleiner Bach mit leisem Plätschern seinen Weg begleitete. Nach andert-

halb Stunden war er in Lauterbach angekommen. Im lauten Getümmel auf dem Marktplatz fand er ein Plätzchen, wo er seine Ware ausbreiten und anbieten konnte. Und es dauerte nicht lange, da hatten alle Schmuckstücke Käufer gefunden. Nur ein goldenes Kettchen blieb übrig.

Es war Nachmittag geworden. Clemens kehrte in einem Wirtshaus ein und aß und trank sich satt. Dann machte er sich auf den Heimweg. In seinem Rucksack trug er nun nicht mehr seine Schmuckstücke, sondern viele goldene Taler, die er verdient hatte.

Bald kam er zu dem Wäldchen. Kühl und schattig war es hier. Clemens setzte sich auf ein Stück Moos, um etwas auszuruhen und dem munteren Plätschern des Bächleins zuzuhören. Nach einer Weile fühlte er sich erfrischt und stand auf, um seinen Weg fortzusetzen. Doch kaum hatte er sich erhoben, fühlte er, wie sein Kopf schwindelig wurde. Er sah sich um. Wo war er? Wie war er hierhergekommen? Wo wollte er hin? In seiner Westentasche fühlte er das kühle Metall des goldenen Kettchens. Wie kam das in seine Tasche? Verwundert schüttelte Clemens den Kopf. Er öffnete seinen Rucksack. Er war mit Geld gefüllt. War das sein Geld? Neben ihm tummelte sich auf einem Baum ein Eichhörnchen. Flink kletterte es am Baumstamm empor. Was für ein Tierchen war denn das? Clemens konnte sich nicht erinnern, eine solche rotbraune Klettermaus schon einmal gesehen zu haben. Wie im Traum taumelte er durch den schattigen Wald, dem staubigen Feldweg zu, auf dem schwer und brütend die Nachmittagssonne lag.

Clemens tapste den Weg entlang, schaute nicht nach rechts und nicht nach links. Er hörte nicht die Lerchen, die sich zwitschernd aus dem Roggenfeld in die Luft erhoben. Er sah nicht die weißen Wolken, die über ihm am blauen Himmel schwebten. Er roch nicht die wilden Rosen, die am Wegesrand süßduftend blühten. Wie betäubt fühlte er sich.

Endlich kam er zum Rand seines Dorfes. Ein Mann kam ihm entgegen. Ob der ihm helfen konnte? „Lieber Freund", sprach Clemens ihn an, „kannst du mir sagen, wie ich nach Rixfeld komme?" Der andere sah ihn verwundert an: „Aber Clemens! Kennst du denn deinen eigenen Bruder Conrad nicht mehr?" Clemens schüttelte stumm den Kopf. Hatte er denn überhaupt einen Bruder? „Und siehst du denn nicht, dass Rixfeld direkt vor dir liegt?" Clemens sah sich um. Nein, hier war er wohl noch nie gewesen. „Gerade wollte ich mich auf den Weg machen, um dich zu suchen", fuhr

Conrad fort. „Ich hatte mir Sorgen gemacht, weil du so lange fortgeblieben bist!" „Ich bin fort gewesen?", fragte Clemens verwirrt. „Wo war ich denn?" Da gab Conrad seine Versuche auf, dem Bruder alles erklären zu wollen. Er merkte: Mit Clemens war unterwegs irgendetwas geschehen. „Zieh mal deine Schuhe aus!", meinte er schließlich. Clemens gehorchte. Und kaum hatte er die Schuhe abgestreift, verging das Schwindelgefühl. Er sah sich um. Natürlich, er war in Rixfeld, seinem Heimatdorf! In der Westentasche fühlte er das goldene Kettchen. Ja, das war das Schmuckstück, das er in Lauterbach nicht verkauft hatte. Nun erinnerte er sich an alles.

„Du hattest wohl ein Blättchen vom Irrkraut im Schuh!", lachte Conrad. „Das hat schon so manchen um den Verstand gebracht!" „Es muss hineingerutscht sein, als ich im Wald Rast gemacht habe", überlegte Clemens. Er fand tatsächlich in seinem linken Schuh ein Stückchen von einer Pflanze. Schnell zog er es heraus und warf es weit von sich. Dann legte er seinen Arm um die Schulter des Bruders, und die beiden gingen vergnügt nach Hause. Von nun an passte Clemens gut auf, dass seine Füße kein Irrkraut berührten.

Der Schinderhannes

Im Taunus lebte vor mehr als zweihundert Jahren ein Mann, den man den Schinderhannes nannte. Er war der Hauptmann einer wilden Räuberbande, die in Höhlen lebte und in den dichten Wäldern auf Beutezug ging. Doch man konnte ihn einfach nicht schnappen, er war zu klug und zu gerissen und entwischte immer wieder.

So auch dieses Mal. Einem reichen Bauern hatte er zwei Ochsen von der Weide gestohlen, sie auf einer Waldlichtung am Spieß gebraten und sich mit seiner Bande einen vergnügten Abend gemacht. Der Bestohlene wollte den Dieb bestraft wissen und schickte seine Knechte aus, um ihn zu fangen.

So war der Schinderhannes wieder einmal auf der Flucht. Man jagte ihn über Stock und Stein, über die Hügel und durch die Täler des Taunus. Die Verfolger waren ihm dicht auf den Fersen. Er hörte schon das Getrappel der Pferde und das Gebell der Hunde. Bald würden sie ihn eingeholt haben. Zu Fuß würde er ihnen nicht entgehen können, er brauchte ein Pferd! Aber wie konnte er hier im Wald zu einem Pferd kommen?

In seinem Rucksack trug der Schinderhannes einige Tücher bei sich, die zerriss er nun in Streifen. Einen solchen Streifen wickelte er sich um den Kopf, einen anderen

schlang er um sein Bein. Von einem Baum schnitt er sich zwei dicke Zweige, die er sich als Krücken unter die Arme schob. So humpelte er den Waldweg entlang, und es sah aus, als wäre er schwer verletzt. Niemand konnte ahnen, dass der arme Kranke in Wirklichkeit der berüchtigte Schinderhannes war.

Bald hatte der Hannes einen Baum erreicht, der seine Äste tief über den Weg hängen ließ. Einen solchen Ast ergriff er und schwang sich auf den Baum. Seine Krücken warf er ins Gras. Und schon hörte er, wie ein Pferd herantrabte. Auf ihm saß ein gut gekleideter und ebenso gut genährter Mann, dem man ansah, dass er nicht arm war. Da begann der Hannes mit weinerlicher Stimme zu klagen: „Bitte helft mir, gnädiger Herr! Böse Menschen haben mich auf diesen Baum gesetzt und meine Krücken fortgeworfen. Es war ein böser Scherz!" Der Reiter hielt sein Pferd unter dem Baum an, stieg ab und blickte nach oben. „Natürlich helfe ich dir, armer Mann! Warte, ich hole dir deine Krücken!" Und er ging, um die Krücken aufzuheben. Auf diesen Moment hatte der Schinderhannes gewartet. Geschickt ließ er sich vom Baum fallen, direkt in den Sattel. Er gab dem Pferd einen Klaps auf die Flanke, und schon galoppierte es mit seinem neuen Reiter davon. Da stand der Mann mit den Krücken in der Hand und konnte nicht fassen, was er sah. Langsam erkannte er, dass er auf einen bösen Trick hereingefallen war, der ihn sein Pferd gekostet hatte.

Der Schinderhannes, der eigentlich Johannes Bückler hieß, ließ keine Gelegenheit aus, um zu plündern und zu

stehlen. Man nannte ihn so, weil er bei einem Schinder als
Knecht gearbeitet hatte. Schinder waren Leute, die die Körper toter Tiere verwerteten. Die Häute bekam der Gerber,
der daraus Leder machte, und aus den Knochen wurde
Seife gekocht.

Schon als ganz junger Mann wurde der Hannes zum
Dieb. Sechs Kalbsfelle und eine Kuhhaut stahl er seinem
Meister. Zur Strafe wurde er tüchtig verprügelt, was ihn
aber von weiteren Diebstählen nicht abhielt. Aus den Stäl-
len und von den Weiden stahl er zusammen mit seinen
Kumpanen das Vieh, er überfiel Menschen und raubte sie

aus. Einige Male wurde er geschnappt, aber immer gelang es ihm, aus dem Gefängnis zu entwischen. Jahrelang ging das so. Die Reichen plünderte er aus, die Armen verschonte er. Von Zeit zu Zeit versteckte er sich in Semd am Nordrand des Odenwaldes bei Freunden oder in Wirtshäusern. Von dort aus ging er mit seinen Komplizen – dem roten Fink, dem schwarzen Peter und dem dicken Adam – auf seine Beutezüge und ließ es sich gut gehen von dem geraubten Geld.

Eines Tages klopfte es in dem Gasthaus, in dem er ein Zimmer bewohnte, an seine Tür. Hannes öffnete – und sah in das lachende Gesicht von Juliana. Er war dem Mädchen einige Wochen zuvor zum ersten Mal begegnet. Mit ihrem Vater und ihrer Schwester hatte sie auf einem Markt gesungen und Geige gespielt. Von den Almosen, die man ihnen dafür in den Teller warf, lebte die Familie. Der Hannes verliebte sich auf der Stelle in ihr hübsches Gesicht und die schöne Stimme. Er sprach sie an, und auch er gefiel ihr. Sie gaben sich das Versprechen, sich bald einmal wiederzusehen. Und nun stand sie vor seiner Tür. „Julchen", rief er und umarmte sie, „was machst du denn hier in Semd?" „Na, wenn du mich nicht besuchst, dann komm ich eben zu dir!", gab sie zurück. Schon war sie in sein Zimmer gehuscht und sah sich neugierig um. In der Ecke entdeckte sie eine große Truhe. „Was ist denn da drin?" „Nun, meine Hosen und Hemden und was ich sonst noch so zum Anziehen brauche", gab der Schinderhannes zurück. Julchen öffnete die Truhe. Sie zog ein grobes Leinenhemd heraus, dazu ein

Paar Hosen, Stiefel aus Schweinsleder und einen Hut mit einer langen wippenden Feder. Im Nu hatte sie die Sachen übergezogen und stand als Räuberin vor ihrem Liebsten. „So, Hannes. Ab jetzt bin ich einer von euch! Ich will bei dir bleiben und mit euch durch die Wälder ziehen!" Der Schinderhannes sah sie zweifelnd an. „Was würde dein Vater dazu sagen, wenn du mit mir durch die Wälder streifst?", fragte er unsicher. Julchen lachte. „Nichts. Er muss wohl fortan allein die Geige auf den Märkten streichen! Aber Sorgen hat er sich um mich noch nie gemacht. Er wird froh sein, eine Tochter weniger durchfüttern zu müssen!" Hannes lächelte. Er freute sich, das Mädchen nun immer um sich zu haben. Seit er sie kennengelernt hatte, war sie ihm nicht mehr aus dem Kopf gegangen.

Julchen gehörte nun zur Räuberbande. Schlau wie ein Fuchs und mutig wie ein Bär war sie. Bald konnte sich der Schinderhannes gar nicht mehr vorstellen, ohne sie auf seine Raubzüge zu gehen. Und auch die anderen Räuber mochten sie gern.

Eines Tages, als die Bande wieder einmal den Wald unsicher machte, sah der Schinderhannes von Weitem ein kleines Mädchen den Weg entlanglaufen. In der rechten Hand trug es einen Korb. Hannes bemerkte, dass das Kind weinte, und gab seinen Kumpanen mit einer Handbewegung zu verstehen, dass sie sich versteckt halten sollten. Er selbst trat auf das Mädchen zu. „Was hast du denn?", fragte er. „Warum weinst du?" „Ach", schluchzte das Kind, „ich musste einkaufen gehen im nächsten Dorf. Aber meine

Mutter warnte mich, dass der wilde Räuber Schinderhannes hier durch die Wälder streift. Wenn er mich fängt, ist es aus mit mir! Ich habe so große Angst!" „Na, so schlimm und böse wird er doch nicht sein", meinte der Schinderhannes. „Komm, gib mir deinen Korb!" Und er schleppte ihn, bis sie zum Waldrand kamen. „Da drüben wohne ich", sagte das Mädchen. Hannes gab ihm den Korb zurück. „Grüß deine Mutter", sagte er. „Und sag ihr, dass dir der Schinderhannes den Korb getragen hat!" Mit diesen Worten verschwand er im dichten Wald.

Der Traum vom Schatz im Lautertal

Im schönen Lautertal im Odenwald, wo die Lauter munter durch die Wiesen sprudelt, liegt das Dorf Gadernheim. Dort lebte ein Mann namens Klaus. Er besaß ein Häuschen mit Garten und lebte von dem, was er anbaute: Bohnen, Kartoffeln und etwas Getreide. In einer Ecke des Gartens pickten ein paar Hühner und ein bunter Hahn nach Körnern. Auch ein Stückchen Land gehörte Klaus. Es lag etwas außerhalb von Gadernheim und war mit Obstbäumen bepflanzt. Im Sommer erntete Klaus dort die herrlichsten Kirschen, Pflaumen und Äpfel. Die kochte er ein und bekam so Marmelade und köstliches Apfelmus.

Klaus liebte die Natur. Am liebsten wanderte er durch den Wald zur Neunkircher Höhe oder ins Tal zur Quelle der Lauter. Dort suchte er sich ein schattiges Plätzchen und sah den Wolken zu, wie sie am blauen Himmel über die Wipfel der Bäume zogen. Er begegnete scheuen Rehen und vorwitzigen Kaninchen, er hörte morgens den Kuckuck rufen und abends den Waldkauz jammern, und er wusste, wo die süßesten Beeren wuchsen. Auch kannte er die Plätze unter den Bäumen, wo sich im Herbst die Pilze im Laub versteck-

ten, und manchmal trug er ein ganzes Körbchen voller Steinpilze und Pfifferlinge nach Hause.

Seine Spaziergänge und Wanderungen brachten so viel Freude in sein Herz, dass er oft nachts davon träumte. Da lag er dann in seinem Häuschen im Bett und ging im Traum noch einmal den schattigen Weg entlang, an dessen Rand die Hagebutten korallenrot leuchteten, und er begegnete dem Eichhörnchen, das ihn mit seinen lustig blitzenden Augen neugierig angeschaut hatte. Doch eines Nachts wachte er erschrocken auf. Wieder hatte er geträumt. Diesmal war er im Traum den Weg zu seinen Obstbäumen entlanggewandert. Da hörte er plötzlich eine tiefe, eindringliche Stimme. „Geh zum dritten Kirschbaum, der auf der linken Seite am Weg steht", sagte die Stimme. „Grabe dort ein Loch. Du wirst ein kleines Fass finden. Öffne es, und du wirst reich!" Klaus erinnerte sich an jedes Wort, das die Stimme zu ihm gesprochen hatte. Verwundert schüttelte er den Kopf. „Ein merkwürdiger Traum", murmelte er, drehte sich um und schlief weiter.

Am nächsten Tag hatte er den Traum fast vergessen. Doch sobald er abends eingeschlafen war, hörte er wieder die Stimme: „Geh zum dritten Kirschbaum …" Wie in der Nacht zuvor erwachte er und wunderte sich. Aber auch diesmal nahm er den Traum nicht ernst und schlief friedlich wieder ein.

Doch als Klaus die Stimme in der nächsten Nacht zum dritten Mal hörte, ging sie ihm nicht mehr aus dem Kopf. Am Morgen, während er sich einen Klecks köstliche

Kirschmarmelade auf sein Brot strich, dachte er darüber nach. „Du wirst reich", hatte die Stimme ihm gesagt. Klaus hätte nichts dagegen, mehr Geld zu haben. Denn er musste zwar nicht hungern, da sein Garten und die Obstbäume ihm genug zu essen schenkten. Aber seine Kleidung war doch schon ziemlich alt und zerrissen. Bei seinem linken Schuh hatte sich die Sohle gelöst und zeigte seinen großen Zeh, und auch sein kleines Haus hatte einige Reparaturen nötig. Die Fensterläden hingen schief in ihren Angeln, und die Haustür hätte neue Farbe dringend nötig. Ein wenig Geld könnte Klaus gut gebrauchen. „Wer weiß", dachte er, „vielleicht sagt mir die Stimme die Wahrheit. Ich werde es herausfinden. Ich habe ja nichts zu verlieren." Kurz entschlossen schnappte Klaus sich eine Schubkarre und eine Schaufel und machte sich auf den Weg zu seinen Obstbäumen.

Bald hatte er sie erreicht. Bildete er es sich ein, oder winkte ihm der dritte Kirschbaum links am Weg wirklich mit seinen Zweigen zu? Klaus tätschelte die Rinde und begann zu graben. Nur wenige Zentimeter Erde hatte er herausgeschaufelt, als er auf etwas Hartes stieß. Tatsächlich war es ein kleines Fass aus Holz, das er nun aus der Erde zog. Mit dem Stiel seiner Schaufel schlug er das Fass entzwei. Wie freute er sich auf die vielen blanken Taler, die er bald in seinen Händen halten würde! Mit einem Fuß schob er die Holzreste auseinander. Doch es waren keine Münzen, die ihm entgegenfunkelten, nein! Blindschleichen, die wie kleine braune Schlangen aussahen, wimmelten zu seinen

Füßen. Dutzende waren es, vielleicht Hunderte, das ganze Fass war voll davon. Klaus liebte alle Tiere, darum erschrak er nicht vor dem Gewimmel. Aber er war doch traurig, dass es nun keinen Goldschatz gab. „Man soll Träumen eben doch nicht glauben", dachte er.

Da er nun schon mal bei seinen Obstbäumen war, beschloss er, sich dort nützlich machen und ein wenig zu arbeiten. Er nahm ein Messer aus seiner Tasche und machte sich daran, die Kirschbäume zu beschneiden. Die alten,

vertrockneten Äste und Zweige warf er in die Schubkarre. Ohne dass er es merkte, war eine der Blindschleichen darunter.

In seinem Garten wollte er abends das Reisig verbrennen. Er schüttete die Schubkarre aus. Wie staunte er, als plötzlich eine Rolle mit Geld aus den Zweigen kullerte! Er öffnete sie und hielt viele silberne Taler in seinen Händen. Nun wusste er es: Jede der Blindschleichen hätte sich in eine Geldrolle verwandelt, wenn er sie mit nach Hause genommen hätte. Wie der Blitz rannte er in der Dunkelheit den Weg zurück zu seinen Obstbäumen. Doch er fand keine einzige Blindschleiche mehr, sie waren verschwunden.

Das Geld aber reichte, um das Häuschen zu reparieren und Kleidung zu kaufen. Und schöne neue Schuhe sorgten dafür, dass sein linker großer Zeh nun nicht mehr frieren musste.

Schuster Jobst und die Wichtelmännchen

In der Stadt Eschwege, die am Fluss Werra liegt, wohnte ein Schuster namens Jobst. Er fertigte Schuhe an und reparierte sie auch, wenn sie kaputt waren. Jobst war ein fleißiger Mann, trotzdem lebte er mit seiner Frau und den Kindern in bitterer Armut. Denn zu wenige Leute wollten bei ihm Schuhe kaufen oder flicken lassen. Kaum hatte er noch das Geld, um seiner Familie etwas zu essen zu kaufen. Immer trauriger und verzweifelter wurde er, und immer weniger wusste er, wie er seine schlimme Lage ändern könnte. Manchmal, wenn er noch spät am Abend in seiner Werkstatt saß und arbeitete, kam seine Frau zu ihm. Dann strich sie ihm übers Haar und sagte: „Verlier deinen Mut nicht! Es kommen auch wieder bessere Zeiten!" Doch das wollte er nicht so recht glauben.

Eines Nachts hatte Meister Jobst noch lange im Lampenschein gearbeitet. Nun lag er in seinem Bett und konnte vor Sorgen nicht einschlafen. Da hörte er ein Geräusch in seiner Werkstatt, ein Trippeln und Trappeln und Rascheln. „Das werden Mäuse sein", dachte er. „Die werden mir noch meine letzten Lederreste anknabbern!" Leise stand er auf und öffnete die Tür zu seiner Werkstatt. „Ja, was ist denn das?"

Meister Jobst blieb überrascht auf der Schwelle stehen. Er konnte nicht glauben, was er sah. Winzige Männlein, nicht größer als Babys, saßen an seinem Arbeitstisch, und jeder von ihnen arbeitete mit flinken Fingern. Die einen schnitten das Leder zu, die anderen nähten es zu Schuhen zusammen. Und im Nu hatten sie alles Leder zu Schuhen verarbeitet. So leise wie sie gekommen waren, verließen sie die Werkstatt wieder. Schuster Jobst sah sich das Werk der Wichtelmänner genau an. Wie schön diese Schuhe waren! Wie sorgfältig sie geschnitten, wie fein sie genäht waren! Noch in dieser Nacht stellte Jobst sie ins Schaufenster, damit die Leute sie am nächsten Morgen gleich bewundern konnten.

Am nächsten Tag saß Meister Jobst schon früh in seiner Werkstatt. Da sah er, wie eine Frau vor dem Schaufenster stehen blieb. „So schöne Schuhe habe ich ja noch nie gesehen!", rief sie. „Kommt und schaut!" Da liefen auch die anderen Leute zu Jobsts ärmlichem Haus und sahen sich die Arbeit an. „Oh!", riefen sie, „wie herrlich!" und „Solche Schuhe möchte ich auch haben!" Immer mehr Leute kamen und bewunderten die schönen Stiefel und Halbschuhe und Sandalen. Sie drängten in die Werkstatt. Im Nu waren alle Schuhe verkauft, und in der Kasse klingelte das Geld. Am selben Tag kaufte der Schuster neues Leder und legte es abends auf den Tisch in der Werkstatt. Und tatsächlich: In der Nacht gab es wieder Besuch von den Wichtelmännern. Wie in der Nacht zuvor schnitten und nähten sie so flink und geschickt, wie es Jobst selbst nie fertiggebracht hätte.

So ging das Nacht für Nacht. Jeden Morgen standen die schönsten Schuhe bereit, die die Leute begeistert kauften. So wurde Jobst ein reicher Mann. „Die Wichtelmännchen bringen uns so viel Glück und Wohlstand, da sollten wir uns doch dankbar zeigen", sagte eines Tages seine Frau zu ihm. Sie backte einen Kuchen, kaufte Brot und Schinken und Wein und stellte abends alles in die Werkstatt, um den kleinen Helfern eine Freude zu machen. Doch diese rührten in der Nacht nichts an von den leckeren Speisen.

„Das war wohl nicht das richtige Geschenk", meinte Jobst am nächsten Morgen und überlegte, wie er sich auf andere Weise dankbar zeigen konnte. „Vielleicht würden sie sich über neue Kleidung freuen", überlegte seine Frau. „Ihre Hosen und Hemden sehen doch schon sehr verwaschen

und zerschlissen aus!" So kaufte der Schuster schöne Stoffe ein und ließ beim besten Schneider im Ort kleine Hosen und Hemden und Jacken und Mützen schneidern. Die legte er am Abend in seiner Werkstatt bereit. In der Nacht hörte er wieder das Trippeln und Trappeln, und schon kamen die Männlein zur Tür herein. Doch diesmal setzten sie sich nicht an den Tisch, um zu arbeiten. Jubelnd hielten sie die neuen Kleider in den Händen, zogen sie auch gleich an und sprangen vor Freude in der Werkstatt herum. Dann begannen sie zu singen: „Wir sind so hübsch, wir sind so fein, woll'n nicht länger Schuster sein!" Singend hüpften sie zur Tür hinaus und kamen niemals wieder. Jobst aber war nun ein reicher und geehrter Mann in Eschwege. Seine Familie musste nie mehr hungern. Die Wichtelmännchen hatten das Glück in sein Haus gebracht.

Der lange Hannes

Am Stadtrand von Fulda erhebt sich der Petersberg. Hoch oben auf seiner Kuppe befindet sich eine Kirche, die bis heute viele Menschen besuchen, um sich die wunderschönen alten Wandmalereien anzusehen. Vor vielen Jahren stand hier ein Kloster, in dem Mönche vom Orden der Benediktiner lebten. Es wurde von Pröpsten geleitet. Und wenn ein Propst zu alt war oder starb, übernahm der nächste Propst die Leitung des Klosters. Einer von ihnen war dafür bekannt, dass er sich sehr für die Armen und Kranken einsetzte, die in der Gegend lebten. Unermüdlich sammelte er Geld, um für die Menschen zu sorgen, die nichts besaßen. Hatte er wieder einmal Spenden eingenommen, übergab er das Geld einem Mönch, der ihm als Helfer diente, damit der es an die Bedürftigen verteilte.

Dieser Diener hieß Johann, und alle nannten ihn den „langen Hannes". Denn er war ein sehr großer und kräftiger Mann. Eifrig ging er seinem Herrn zur Hand. Im Amtszimmer schrieb er die Briefe, die der Propst ihm diktierte, verschloss die Umschläge mit Siegellack und lief dann mit seinen langen Beinen von Haus zu Haus, um sie zuzustellen. Er half den Klostergarten zu pflegen, sah in der Küche nach dem Rechten, und wenn die Mönche in einem Wein-

gut in Franken ihren Lieblingswein bestellt hatten, half der lange Hannes, die Fässer vom Pferdewagen abzuladen und in den Weinkeller des Klosters zu rollen. Er packte mit an, wo es nötig war. Dabei verlor er kein unnützes Wort. Schweigend verrichtete er seine Arbeit.

Der Propst und die anderen Mönche vertrauten ihm. Doch niemand wusste, dass der lange Hannes ein Geheimnis hatte. Johann war zwar ein gewissenhafter und eifriger Helfer. Doch er war auch ein sehr geiziger Mensch. Seinen Lohn hortete er in seinem Zimmer, nichts davon gab er aus. Fürs Wohnen musste er nichts bezahlen, auch nicht für sein Essen, denn im Kloster bekam er alles frei. Doch dieses Geld reichte ihm nicht. Er war so gierig nach mehr und immer mehr, dass er das Geld, das der Propst ihm für die Armen anvertraute, selbst behielt. Im Klostergarten vergrub er es nachts heimlich unter einem Apfelbaum. Und freute sich jeden Tag über den Reichtum, der da in der Erde immer größer wurde.

Die Jahre vergingen. Der Schatz des langen Hannes wuchs und wuchs. Längst hatte er neue Gruben im Klostergarten ausheben müssen, um das viele Geld, das er den Armen vorenthielt, in der Erde zu verstecken. Und niemand ahnte etwas von dem Schatz, der dort schlummerte.

Hannes wurde älter und älter. Und eines Tages merkte er, dass seine Lebenszeit vorüber war. Er legte sich in seinem Klosterzimmer ins Bett und starb. Und noch immer wusste niemand von seinem Geheimnis.

Doch Hannes durfte sich nicht wie die anderen Verstorbenen friedlich in seinem Grab ausruhen. Zur Strafe für seinen bösen Geiz, mit dem er die armen Menschen und auch den Propst hintergangen hatte, muss er seitdem jedes Jahr vom Beginn der Fastenzeit bis zum Osterfest nachts auf der Welt umhergehen. Darum sieht man während der vierzig Fastentage den langen Hannes mit bleichem, unbeweglichem Gesicht in der Dunkelheit vom Petersberg hinabsteigen. Mit großen Schritten geht er in Fulda zu dem Haus nahe der Nikolauskirche, in dem damals die Armen und Kranken lebten. Hier macht er Halt, bleibt eine Weile vor der Kirchentür stehen, dreht sich um und steigt wieder den Petersberg hinauf. Erst wenn der Schatz gefunden und an die Armen verteilt sein wird, ist der Zauber gebrochen und der lange Hannes darf zur Ruhe kommen.

Wie die Stadt Nidda ihren Namen bekam

Es ist fast tausend Jahre her, da lebte auf der Alteburg in der Wetterau ein Graf namens Berthold. In seinen Geschäften besaß er keine glückliche Hand, sodass er im Lauf der Zeit mehrere seiner Burgen und andere Besitztümer verlor. Er war ein aufbrausender, wilder Mann und scheute sich nicht, als Raubritter durchs Land zu ziehen und sich zu nehmen, was er brauchte. Mit seinen Freunden lag er an den Straßen und in den Wäldern auf der Lauer und raubte die Menschen aus, die gerade zufällig vorbeikamen. „Ich habe doch selbst kaum etwas", flehte so mancher, doch Berthold hatte kein Mitleid. Die letzten Pfennige zog er den Menschen aus der Tasche, er stahl Hühner und Schweine, Goldschmuck und was er sonst noch erbeuten konnte. Mit seinen Schätzen verschwand er hinter den dicken Mauern seiner Burg. Damit er nicht erwischt wurde, hatte er seinen Pferden die Hufeisen verkehrt herum anbringen lassen. So konnte niemand wissen, woher er gerade kam und wohin er ritt.

Kaiser Friedrich, der zu diesen Zeiten das Land regierte und den man wegen seines roten Bartes Barbarossa (Rotbart) nannte, sah sich das eine Weile an. Dann beschloss er, dem bösen Treiben ein Ende zu bereiten. Er schickte einen Boten

auf die Alteburg, der Berthold zum ihm nach Gelnhausen bringen sollte. Dort wollte Barbarossa den räuberischen Ritter zur Rede stellen, ihn bestrafen und ihn zwingen, die gestohlenen Schätze zurückzugeben. Doch Berthold verschloss das Tor seiner Burg. Er dachte gar nicht daran, den Mann hereinzulassen und dem Befehl des Kaisers zu gehorchen. Unverrichteter Dinge kehrte der Bote nach Gelnhausen zurück.

Nun hatte Barbarossa genug. Er befahl einer Gruppe von Soldaten, die Burg des Grafen einzunehmen und ihn mit Gewalt zu ihm bringen zu lassen.

Die Soldaten stülpten sich ihre runden Helme über die Köpfe, ergriffen die Spieß-Waffen und zogen los, von Gelnhausen bis zur Alteburg. Dort angekommen, klopfte einer von ihnen mit festen Schlägen ans Burgtor. „Macht auf, Graf Berthold! Kommt heraus und ergebt Euch! Der Kaiser hat's befohlen!" Berthold erschien oben auf dem Söller der Burg. „Meine Burg wollt ihr mir nehmen? Die letzte, die ich noch habe? Und mich hinter Schloss und Riegel bringen? Versucht's doch!" Schnell lief er nach unten ans große Tor und legte noch einen schweren Riegel vor. Dann verschwand er in seinem Gemach und legte sich schlafen.

„In die Burg kommen wir nicht hinein!", meinte der Hauptmann zu seinen Männern und zuckte mit den Schultern. „Wir können ja nicht fliegen!" „Nein, fliegen nicht, aber unter die Erde kriechen wie die Maulwürfe!", rief Hans, der Jüngste der Soldaten. Im hohen Gras hatte er eine hölzerne Platte entdeckt – es war der Eingang zu einem ge-

heimen unterirdischen Gang, der direkt in die Burg führte. Mit großer Mühe stemmten die Soldaten die ebenerdige Tür auf. Nacheinander krochen sie hinein und tasteten sich in der feuchten Dunkelheit Schritt für Schritt nach vorn. Endlich hatten sie das Ende des Ganges erreicht. Sie kletterten eine steile Leiter nach oben … und standen in der großen Küche der gräflichen Burg. Barb, die Köchin, die gerade das Essen für die Grafen-Familie zubereitete, erschrak fast zu Tode, als plötzlich eine Luke geöffnet wurde und die Soldaten einer nach dem andern im Raum erschienen. Laut schreiend lief sie zur Tür hinaus.

Die Frau des Grafen hörte die Köchin kreischen. „Was hast du, Barb? Ist dir der Teufel persönlich begegnet?" „Nicht der Teufel", gab Barb zitternd zurück. „Aber eine ganze Horde Soldaten mit spitzen Spießen!" Die Gräfin war eine besonnene Frau und ließ sich nicht so leicht aus der Ruhe bringen. „Setz dich, Barb, und beruhige dich!" Dann machte sie sich auf den Weg zur Küche, zu den Soldaten. Als sie den Raum betrat, sagte niemand ein Wort. Unentschlossen standen die Männer herum. Schließlich richtete der Hauptmann das Wort an die Frau. „Frau Gräfin, Ihr wisst, warum wir hier sind?" Sie sah ihm furchtlos in die Augen. „Meinen Ehemann wollt ihr mir nehmen. Ihn gefangen nehmen und zum Kaiser schleppen. Und unsere Burg werden wir auch nicht behalten dürfen. Habe ich recht?" Der Hauptmann nickte. „So lautet des Kaisers Befehl!"

Die Gräfin ließ sich auf einen Schemel fallen. Leise sagte sie: „Nun gut, daran kann ich nichts ändern. Aber mich

werdet ihr doch sicherlich nicht ebenfalls in Ketten legen und fortbringen wollen!" „Nein, davon ist keine Rede. Allein den Grafen will der Kaiser bestrafen." „Dann lasst ihr mich frei?" „Ihr könnt gehen, wohin Ihr wollt", sprach der Hauptmann. „Aber die Burg müsst Ihr alle verlassen, auch Ihr selbst und Eure Kinder!"

Die Gräfin liebte ihren Mann sehr, obwohl er ein Räuber und Plünderer war. Und so überlegte sie, wie sie ihn aus der Gewalt der kaiserlichen Soldaten retten konnte. Bald schon hatte sie einen Plan. „Gut, wir werden euch unsere Burg überlassen. Aber nehmt mir bitte nicht alles. Erlaubt mir, einige Dinge zu behalten, die mir besonders am Herzen liegen! Ich nehme nur so viel mit, wie auf den Rücken eines Esels und meinen eigenen Rücken passt." Dagegen hatte der Hauptmann nichts einzuwenden. Aber er stellte eine Bedingung: „Graf Berthold darf nicht auf des Esels Rücken die Burg verlassen!" „Wir werden euren Befehl befolgen", gab die Gräfin zurück.

Eilig lief sie in die Gemächer ihrer Familie. Ihre drei Söhne saßen auf der Erde und spielten mit kleinen hölzernen Pferden, die vor ebenso kleine Wagen gespannt waren. „Schnell, schnell", rief sie ihnen zu. „Bringt unseren Esel zum Tor!" Die Kinder liefen in den Stall und taten, wie ihre Mutter es gesagt hatte. Aus der Burg hörten sie ihre Mutter rufen: „Berthold, wach auf!"

Nach einer Weile kam die Gräfin in den Hof, in den Händen Kisten und Taschen mit wertvollen Dingen. Und was schleppte sie da mühsam auf ihrem Rücken? Ihren Ehe-

mann, den Grafen! Die Soldaten liefen ihr nach, blieben vor dem Burgtor stehen und beobachteten, wie sie im Hof ihr Hab und Gut auf dem Esel verstaute. Und sie merkten, dass sie betrogen worden waren. Denn sie hatten ihr zwar verboten, den Grafen auf dem Eselsrücken aus der Burg zu bringen. Aber dass die Gräfin ihn auf ihrem eigenen Rücken hinaustrug, das mussten sie ihr nun gewähren.

Schwankend schleppte sie ihren Mann, den wilden Raubritter, den Berg hinunter, während ihre Kinder das Eselchen führten. Kaum konnte sie sich aufrecht halten mit der schweren Last auf ihrem Rücken.

Bald war sie so erschöpft, dass sie kaum weiterlaufen konnte. „Wo der Esel stehenbleibt, wollen wir bleiben und uns eine neue Burg bauen!", rief sie keuchend. Und schon bald machte das Tier Halt, denn seine Hufe waren im sumpfigen Boden steckengeblieben. „Nit da!", rief die Gräfin. Aber der Esel rührte sich nicht von der Stelle. So baute Berthold an diesem Platz eine stolze Burg, die er „Nidda" nannte, im Andenken an das störrische Eselchen, das nicht weiterlaufen wollte, obwohl es die Worte „Nit da" genau gehört hatte. Die Stadt, die um die neue Burg herum entstand, bekam denselben Namen. Und die Wiese in der Nähe wurde „Eselswiese" genannt. Vor vielen Jahren ließ der Landgraf von Hessen-Darmstadt die Burg zu einem Schloss umbauen, das noch heute an dieser Stelle steht.

Die Alteburg aber verfiel und war bald nur noch eine Ruine. Nur noch ein paar Mauerreste sind übriggeblieben. Manche Menschen meinen, dort sei ein Schatz versteckt. Und andere behaupten, sie hätten dort die Hufeisen gefunden, die Graf Berthold seinen Pferden während seiner Raubzüge verkehrt herum angenagelt hatte.

Die Jungfrau im Scharfenstein

Wer klettern möchte und es auch schon ganz gut kann, fährt gern nach Gudensberg nahe Fritzlar im Westhessischen Bergland. Dort erhebt sich ein schroffer, zerklüfteter Felsen aus hartem Basalt-Gestein. Wegen seiner messerscharfen Kanten nennt man ihn den Scharfenstein. Er bietet nicht nur abenteuerliche Kletter-Routen, sondern soll auch ein Geheimnis tragen. In seinem Innern, so heißt es, gebe es einen kostbaren Schatz. Der werde von einer schönen Jungfrau bewacht.

Vor langer Zeit kam einmal ein Fuhrmann mit seinem Pferdewagen am Scharfenstein vorbei. Da hörte er, wie jemand nieste. „Helf Gott!", rief der Fuhrmann, denn er war ein höflicher Mensch. Wieder nieste jemand. Und wieder rief der Fuhrmann „Helf Gott!" Dreimal … Viermal … Fünfmal … Das Niesen hörte gar nicht mehr auf. Und bei jedem Niesen gab der Fuhrmann ein „Helf Gott!" zurück. Doch nach dem siebten Niesen hatte er genug. „Zum Deibel noch mol!", rief er aus. „Mir blatzt gleisch de Kraache!" Ja, dem Fuhrmann war der Kragen geplatzt, weil das Niesen gar nicht aufhören wollte, und er wünschte den andern zum Teufel. Wütend schnalzte er mit der Zunge, um sein Pferd anzutreiben und

seinen Weg fortzusetzen. Da stand auf einmal am Wegesrand, gleich neben einem kleineren Basaltfels, eine schöne
Frau vor ihm. Traurig sah sie ihn an. „Nur ein ‚Helf Gott!‘ hat
gefehlt!", sagte sie. „Nur ein einziges!" Der Fuhrmann sah
sie verwundert an. Er verstand nicht, was die Jungfrau meinte. Sie erklärte es ihm. „Im Scharfenstein", begann sie, „ist

ein Schatz verborgen. Ich wurde dazu verdammt, diesen Schatz zu bewachen. Sieben Jahre musste ich in dem dunklen Berg verbringen, bis zu einem bestimmten Tag. Und dieser Tag ist heute." „Na schön", meinte der Fuhrmann, „aber du scheinst dich erkältet zu haben!" Die Frau schüttelte den Kopf. „Es ist kein Schnupfen, der mich zum Niesen bringt. Das Niesen ist Teil des Fluches. Sieben Mal muss ich niesen, und sieben Mal muss man mir ‚Helf Gott' wünschen. Dann bin ich erlöst und frei. Aber du warst zu ungeduldig. Darum muss ich zurück in mein kaltes Gefängnis." „Und der Schatz?", fragte der Fuhrmann. „Den hättest du dir nehmen dürfen", gab die Frau zurück. „Wenn du doch nur ein wenig mehr Geduld gehabt hättest!" In diesem Moment öffnete sich eine Spalte im Felsen. Die Frau ging darauf zu und war im nächsten Moment verschwunden.

Genau sieben Jahre vergingen. Da kam ein junger Müllersbursche des Weges. Als er am Scharfenstein ankam, hörte auch er siebenmal ein Niesen. Als er darauf sechsmal mit einem „Helf Gott!" geantwortet hatte, trat die Jungfrau aus einer Felsspalte. Sie war so schön, dass dem jungen Mann der Atem stockte. Er konnte sie nur ansehen und kein Wort mehr sagen. So verpasste auch er, wie sieben Jahre zuvor der Fuhrmann, das siebte „Helf Gott!", und die verwünschte Frau musste zurück in den Scharfenstein. Dort ist sie noch immer gefangen. Alle sieben Jahre kommt sie zum Vorschein, niest siebenmal und hofft auf einen Menschen, der ihr siebenmal ein „Helf Gott" wünscht und sie damit aus dem Bann befreit.

Die wilden Leute im Bernhardswald

Im Bernhardswald bei Schlüchtern-Hohenzell führt ein schöner Wanderweg an riesigen, schroffen Felsen vorbei. Diese Steine werden „die wilden Häuser" genannt, ein großer und flacher Fels heißt „der wilde Tisch". Woher mögen diese Namen wohl stammen?

Vor vielen, vielen Jahren, so heißt es, kam ein armer Mann in die Gegend von Schlüchtern. Er hatte Hunger, aber kein Geld, um sich etwas zu essen zu kaufen. Auch wusste er nicht, wo er in dieser Nacht schlafen sollte. Darum ging er von Haus zu Haus und bettelte um ein Stückchen Brot und einen Platz zum Übernachten. Doch niemand, den er um Hilfe bat, hatte Mitleid mit dem Fremden. Man schimpfte ihn aus und jagte ihn fort. Und einige Menschen drohten ihm sogar Schläge an: „Mach, dass du fortkommst! Sonst setzt es Prügel! Wir haben nichts zu verschenken!"

Erschrocken machte der Bettler kehrt und lief so schnell er konnte aus dem Ort hinaus. In den wilden Bernhardswald rannte er, bergauf und bergab, über Stock und über Stein. Als es Abend wurde, erreichte er eine große steinerne Hütte. Wie wunderte er sich, als er sah, wer darin wohnte! Vor dem Eingang saß ein riesiges Kind, es war so groß wie

der größte Mann. Es hielt eine Puppe im Arm, die war größer als der arme Mann selbst. Erstaunt sah das Kind den Fremdling an. So ein kleines Wesen hatte es wohl noch nie gesehen. „Papa!", rief das Kind, „komm heraus und schau, wer uns besucht!"

Aus der Hütte kam eine Stimme wie Donnergrollen: „Wir bekommen Besuch? Ja, wer mag das sein?" Der Waldboden erzitterte, als der Riese vor die Tür seiner Hütte trat. Bis zu den Baumkronen reichte seine Gestalt. Und während er sich bückte, um den Gast genauer zu betrachten, tauchte hinter ihm seine Frau auf, die ebenso riesig war wie ihr Mann. „Guten Tag!", sagte sie, und in ihrer Riesensprache war das wohl fast geflüstert. In den Ohren des Bettlers aber klang es so laut wie Löwengebrüll. Ängstlich sah er die großen Leute an. Und er merkte, dass deren Hütte nicht die Einzige war im Wald. Mehrere Riesenfamilien schienen in der Nachbarschaft zu leben. Hinter den Fenstern der anderen Hütten erblickte er neugierige Augen. „Hier will ich nun wirklich nicht bleiben!", dachte er und wendete sich ab, um wegzulaufen.

Doch das Riesenkind rief: „Ach, bleib doch bei uns!" Und auch die Eltern baten den Fremden, nicht fortzulaufen. „Komm herein in unser bescheidenes Heim!", sagte der Vater. „Man nennt uns die wilden Leute. Mein Name ist Leopold, und das ist meine Frau Agnes. Und die Kleine da", er wies auf das schrecklich große Kind, „ist unsere Marie." Während er das sagte, sah er so freundlich aus, dass der arme Mann alle Angst verlor. Vertrauensvoll betrat er die

Hütte der Familie. Staunend sah er sich um. Hoch über ihm
wölbte sich die Decke, und an einem Faden, der so dick war
wie ein Tau, hing ein Käfig herab. Darin saß ein gelber Vogel,
es musste wohl ein Kanarienvogel sein. Er hatte die Größe
eines Adlers. „Möchtest du mein Spielzeug sehen?", fragte
Marie. Der Gast nickte. Drüben an der Wand stand Maries
Bett, es war so groß wie ein Eisenbahnwaggon. Marie bückte

sich und zog unter dem Riesen-Bett ihr Kuscheltier hervor, das so groß war wie bei den Menschen eine Kuh. „Du darfst es streicheln", meinte Marie, und der Bettler strich mit seiner kleinen Hand über den riesigen weichen Rücken der Spielzeug-Katze.

Inzwischen hatten der Riesen-Papa und die Riesen-Mama das Abendessen zubereitet und den Tisch gedeckt. Behutsam nahm Leopold den Gast in seine Riesen-Hand und setzte ihn auf die Tischplatte, denn es gab keinen Stuhl, auf dem er an die Speisen heranreichen konnte. Da saß er nun zwischen riesigen Tellern und Gabeln und Löffeln und Gläsern. Marie nahm einen hölzernen Puppenlöffel, der so groß war wie eine Schaufel, und fütterte ihn mit Kartoffelstückchen und Sauce und Fleisch. Er aß sich so richtig satt, aber an einem Löffel voll hatte er mehr als genug.

Aus weichem Moos bereitete ihm Agnes ein Bett, deckte den Besucher fürsorglich mit einer riesigen kuscheligen Decke zu und wünschte ihm eine gute Nacht. Im Nu war er eingeschlafen und erwachte erst am nächsten Morgen, als Marie ihm lachend die Bettdecke vom Gesicht zog.

Zum Frühstück nahm sich der Bettler einen Krümel Brot, den er kaum mit zwei Armen halten konnte. Was er nicht aß, steckte er als Proviant in seinen Rucksack. Denn er wollte weiterwandern, noch hatte er nicht genug von der Welt gesehen.

Die Riesen wussten nicht, dass ihr Gast Zauberkräfte besaß. Darum wunderten sie sich, als er nun sagte: „Ihr wart sehr freundlich zu mir, vielen Dank. Dafür möchte

ich euch belohnen, denn ich habe die Gabe, guten Menschen einen Wunsch zu erfüllen. Womit kann ich euch eine Freude machen?"

Der Riese Leopold beriet sich kurz mit seiner Frau. Dann sagte er: „Wir wünschen uns von Herzen, dass wir und die anderen wilden Leute nie sterben müssen und für immer im schönen Bernhardswald leben dürfen." Agnes nickte: „Das ist unser einziger Wunsch!" „Dieser Wunsch sei euch gewährt", meinte der arme Mann. „Wenn ihr diesen Berg nicht verlasst, könnt ihr für immer hier leben!" Er verbeugte sich, streichelte Marie übers Knie, denn bis zu ihrer Hand kam er nicht hinauf, und ging seiner Wege.

So leben die wilden Leute noch immer in den wilden Häusern im Bernhardswald am linken Ufer des Flusses Kinzig. Die Kinder der Riesen beschützen die Menschen-Kinder, die im Wald Beeren und Pilze suchen. Wenn es stürmt und aus den Wolken die Blitze zucken, gehen die wilden Männer hoch oben über die Berge und rütteln an den Kronen der Eichen und Buchen. Guten Menschen gegenüber sind sie nett und freundlich und zeigen ihnen, wo im Wald die besten Heilkräuter wachsen. Böse Menschen jedoch sollten sich in Acht nehmen vor den wilden Leuten. Man sagt, so mancher schlechte Mensch sei von den Riesen mit derben Ohrfeigen begrüßt worden.

Frankfurts Gründung

Das Heer sprengte durch den dichten Nebel heran. Hoch schwebte der Adler, das Symbol der mutigen Franken, über den Köpfen der Soldaten. Ihren Feinden, den Sachsen, waren sie nur knapp entwischt. Plötzlich stoppten die vorderen Reihen. Aus der Mitte des Heeres löste sich ein Schimmel mit kostbarem Kopfputz. Ein stolzer Reiter saß auf ihm, das Schwert in der erhobenen Hand. „Was gibt es?", rief er den Vorderen zu. „Warum haltet ihr an?" Er ließ sein Pferd durch die Reihen nach vorn traben. Nun sah er, warum seine Soldaten nicht weiterritten. Ein breiter Fluss versperrte ihnen den Weg. Grau und schwer schwappte das Wasser des Mains vor ihnen ans Ufer. Die Soldaten hörten das Glucksen und Rauschen des Flusses, über dem der Nebel in dichten Schwaden lag. Der stolze Reiter – es war Kaiser Karl der Große, der Herrscher der Franken – stieg von seinem Ross. Er wusste: Hier kamen sie nicht weiter. Sie saßen in der Falle. Die Sachsen waren ihnen dicht auf der Fersen. Viele Jahre lang hatten Karl der Große und sein Frankenheer mit ihnen gekämpft, um sie zu unterwerfen und ihnen den christlichen Glauben zu bringen. Nun aber schien es, dass sie diese Schlacht verloren.

Mutlos sah der Kaiser seine Soldaten an. „Treu und tapfer habt ihr mit mir gekämpft. Doch nun müssen wir mit unse-

rer Unterwerfung rechnen!" Seine engsten Vertrauten sahen sich ratlos an. So kannten sie ihren Kaiser nicht. Nie hatte ihn bisher der Mut verlassen. Aber wie konnte er sich und seine Getreuen vor den Feinden retten? Es gab weder eine Brücke über den breiten Fluss noch Schiffe, mit denen die Soldaten hätten zum anderen Ufer kommen können. So standen sie schweigend im dichten Nebel, in ihren Blicken lag Angst und Enttäuschung. Bald würde das gewaltige Heer der Sachsen sie eingeholt haben.

Da sah der Frankenherrscher, wie Lothar, einer seiner ältesten und besten Vertrauten, mühsam von seinem Pferd stieg. Mit ausgestrecktem Arm wies er auf das Ufer des Mains. „Seht nur!", rief er mit seiner brüchigen alten Stimme. „Der Nebel lichtet sich!" Tatsächlich war es, als würde eine riesige Hand die dichten Nebelschwaden zur Seite schieben. Über dem Fluss, von Ufer zu Ufer, war die Luft plötzlich hell und klar. Staunend sahen die Soldaten, wie in diesem sonnenbeschienenen Nebelloch eine Hirschkuh auftauchte. Mit leichten Hufen führte sie ihre beiden Jungen

über den Main. Als sie das andere Ufer fast erreicht hatte, sah sie sich zu den Soldaten um, als wollte sie sagen: „Folgt mir doch!"

Das taten Karl der Große und seine Männer. Furchtlos lenkten sie ihre Pferde auf der Spur der Hirschkuh über das Wasser. Denn an dieser Stelle war der Fluss nur knöcheltief. Über eine Sandbank kamen die Pferde mühelos über den Main. Das hatte ihnen die Hirschkuh gezeigt.

Kaum war das Franken-Heer am anderen Ufer angekommen, ballte sich der Nebel wieder zusammen. Die Spur aus

Licht war verschwunden. Und als die Sachsen an der Stelle eintrafen, wo sie die Franken vermuteten, fanden sie nichts als kaltes graues Wasser, über dem der Nebel lag. Mutlos traten sie den Rückzug an.

Kaiser Karl aber kehrte bald mit einem noch größeren Heer zurück und besiegte die Sachsen. „Hier an dieser Furt", sagte er zu seinem Volk, „wo wir durch flaches Wasser den Main durchqueren konnten und dadurch gerettet wurden, will ich eine Stadt gründen!" Diese Stadt nannte er „Der Franken Furt". Daraus entstand der Name Frankfurt. In der neuen Stadt baute er sich eine Pfalz, das ist ein anderer Name für einen Palast. Er stand dort, wo sich heute die Leonhardskirche befindet, nahe dem Frankfurter Römer.

Die Sachsen siedelten sich nach ihrer Unterwerfung ebenfalls am Main an. So entstand der Frankfurter Stadtteil Sachsenhausen.

Die Wiesenfrau von Auerbach

Vor vielen Jahren lebte in Auerbach an der Bergstraße, das heute ein Stadtteil von Bensheim ist, ein Junge namens Jakob. Er war ein verträumtes Kind. Stundenlang konnte er im Wald auf einem Stein sitzen, die Wolken beobachten, die über die Baumwipfel zogen, und dem Zirpen der Grillen lauschen. Wie freute er sich, wenn er eine Eidechse erblickte, die blitzschnell über den Waldboden flitzte, und geduldig sah er den fleißigen Ameisen zu. Den ganzen Tag hätte er hier im Wald zubringen mögen. Aber er hatte seine Pflichten. Seine Eltern waren Bauern, und wie es bei Bauern üblich war, musste Jakob kräftig mithelfen auf dem Hof.

„Geh die Kühe hüten, Jakob!", sagte eines Tages die Mutter zu ihm. „Bring sie auf die Wiese drüben beim Schloss und komm abends wieder heim!" So holte Jakob die beiden Kühe Liese und Lotte aus dem Stall und trieb sie auf die sonnenbeschienene Wiese am Waldrand, wo sie sich am fetten grünen Gras satt fressen konnten. Während die Kühe mit ihren breiten Mäulern das Gras zupften, holte Jakob ein Messerchen hervor, suchte sich einen kleinen Ast und begann zu schnitzen. Ganz versunken war er in seine Arbeit,

als er plötzlich einen leichten Schlag auf seiner linken Wange spürte. Erschrocken drehte er sich um, sein Schnitzmesser fiel ins Gras. Da sah er eine schöne Frau, in ein langes weißes Gewand gekleidet. Jakob wusste gleich, dass ein Geist vor ihm stand, denn es schien, als bestünde ihr Körper aus glänzender, flimmernder Luft. Schwerelos wie der Schatten einer Wolke schwebte sie über der Wiese. Die Geisterfrau öffnete den Mund, um etwas zu sagen, aber bevor sie einen Laut hervorbringen konnte, begann Jakob zu schreien. Er brüllte vor Angst, dass man es bis Auerbach hören konnte. So groß war seine Furcht vor dieser unheimlichen weißen Frau. So schnell ihn seine Füße trugen, rannte er nach Hause und erzählte zitternd, was er erlebt hatte. „Und wo sind Lotte und Liese?", fragte der Vater. Ja, die hatte der Junge in seiner Eile ganz vergessen. Der Vater musste selbst zur Wiese gehen und seine Kühe nach Hause führen. Ihm begegnete keine weiße Frau, und kopfschüttelnd sagte er zu sich selbst: „Da hat sich unser Jakob wohl wieder einmal etwas eingebildet."

Einige Zeit später hatte Jakob die unheimliche Begegnung fast vergessen. Und als ihn die Eltern baten, wieder auf der Wiese die Kühe zu hüten, trieb er sie sorglos durch den Ort, an der kleinen Kapelle vorbei dem Waldrand zu. In der heißen Mittagssonne setzte er sich ins Gras und hörte dem Specht zu. Da raschelte es plötzlich im Laub zu seinen Füßen, und er sah eine kleine Schlange. Sie trug im Mund eine blaue Blume. Die legte sie vor Jakob nieder und begann zu sprechen: „Lieber Jakob, erlöse mich! Nimm diese blaue

Blume! Mit ihr kannst du oben im alten, verfallenen Schloss Auerbach die Türen öffnen. Viele Fässer findest du dort, sie sind mit Gold gefüllt, und alles gehört dir." Flehend sah ihn die Schlange an. „Bitte nimm die Blume und geh zum Schloss! Nur so kannst du mich erlösen!"

Jakob wusste nicht, wie ihm geschah. Noch nie war er einer Schlange begegnet, die sprechen konnte. Das kam

ihm so gruselig vor, dass er aufsprang wie vom Blitz ge-
troffen und mit hämmerndem Herzen nach Hause rannte.
Wieder musste der Vater seine Kühe abends selbst in den
Stall bringen.

Als der goldene Sommer vorüber war und die ersten
Herbststürme die Blätter von den Bäumen rissen, wurde Ja-
kob wieder mit den Kühen zur Wiese geschickt. Vor dem
Winter sollten sich Liese und Lotte noch einmal über fri-
sches Gras freuen. So machte sich der Junge mit den beiden
Tieren auf den Weg.

Kaum hatte er die Wiese erreicht, spürte er eine leichte
Ohrfeige, so wie beim ersten Mal, als er der weißen Frau begegnet war. Und wieder stand die unheimliche Dame vor
ihm. „Ich wurde von einem bösen Zauberer verwünscht",
sprach sie mit flüsternder Stimme. „Hundert Jahre lang darf
ich nicht leben wie andere Menschen, sondern muss allein
im Wald umherirren, halb Mensch, halb Geist. Manchmal
sieht man mich auch in Gestalt einer Schlange. Erst wenn
ein Mensch keine Angst vor mir hat und mit der blauen Blume mutig ins Schloss geht, um den Schatz zu bergen, ist der
Zauber gebannt. Nur du kannst mich von diesem Fluch erlösen, Jakob. Denn du bist ein ganz besonderer Junge!"

Jakob begann zu zittern, aber nicht vor Kälte. Am liebsten wäre er fortgelaufen. Doch er war neugierig, was ihm
die Frau noch erzählen würde. „Warum bin ich ein besonderer Junge?", fragte er leise. „Das ist eine lange Geschichte", flüsterte die weiße Frau. „Vor vielen Jahren ließ ein
kleiner Vogel einen Kirschkern auf diese Wiese fallen. Aus

dem Kern wuchs ein großer Kirschbaum. Männer kamen, fällten den Baum und bauten aus seinem Holz eine Wiege. Das Kind, das als Baby in dieser Wiege lag, ist das einzige Lebewesen, das mich retten kann. Und dieses Kind bist du! Darum nimm die blaue Blume, mit ihr kannst du die Türen dort öffnen. Geh zum Schloss! Erlöse mich!"

Jakob fühlte, wie die Angst seinen Nacken hinaufkroch. Die unheimliche Dame, die gruselige Geschichte und die Aufgabe, die ihm gestellt worden war – das alles war zu viel für den Jungen. Mit weit aufgerissenen Augen sah er die Frau an und schüttelte den Kopf. „Ich kann nicht!", rief er. „Lass mich in Ruhe!" Er drehte sich um und wollte fliehen. Da hörte er, wie die Frau mit brüchiger Stimme rief: „Ich armes Wesen! Nun muss ich weiter einsam durch den Wald irren, bis hundert Jahre vergangen sind!" Und mit einem verzweifelten Schrei verschwand sie.

Jakob ging mit schlotternden Knien nach Hause. Es dauerte lange, bis er wieder ohne Angst zur Waldwiese gehen konnte. Doch der geheimnisvollen weißen Frau begegnete er nie mehr.

Hexentanz auf dem Bechtelsberg

Stolz erhebt sich bei Ottrau nahe der Fachwerkstadt Alsfeld der Bechtelsberg. Weit blicken die Wanderer vom Gipfel aus über das Land. Sie genießen die Stille, den Duft der wild wachsenden Heilkräuter und den blauen Himmel, der sich hoch über der Bergkuppe wölbt. Zu dieser friedlichen Stimmung mag der Name dieses Gipfels nicht so recht passen. Man nennt ihn die „Rumpelskuppe". Woher stammt dieser Name wohl?

In jedem Jahr in der Nacht zum 1. Mai, so berichtet die Sage, sei oben auf dem Berg ein furchtbarer Lärm zu vernehmen, ein Donnern und Zischen und Brausen, als würde ein schreckliches Unwetter über der Bergkuppe stehen. Aber es ist kein Gewitter, das die Menschen in der Walpurgisnacht dort oben hören. Es sind die Hexen, die sich hier zum Tanz einfinden. Auf Besen und großen schwarzen Hähnen jagen sie über den nächtlichen Himmel und ziehen ihre Runden über dem Gipfel. Weithin ist ihr schrilles Lachen zu hören. An der Hexenkaute, ihrem Versammlungsplatz, lassen sie sich schließlich nieder. Hier wartet ihr Meister schon auf sie, der Teufel. Um Mitternacht beginnt dann der gespenstische Hexentanz. In ihren langen

schwarzen Gewändern, die von einem Gürtel aus Stroh gehalten werden, drehen sie sich im Kreis, die dicken und
die dünnen Hexen, die mit langen Nasen und die mit
Stupsnasen, die großen und die kleinen, die jungen und
die alten. Immer wilder wird der Tanz. Sie stampfen mit
den Füßen, schütteln ihre Köpfe mit den langen Haarzöp-
fen und ziehen kichernd furchterregende Grimassen. Kreischend und singend umtanzen sie den Teufel, der mit seinen krummen Klauen den Takt schlägt. Hoch aufgerichtet
steht er in der Mitte der tanzenden Hexen, brummt ab und
zu eine schief klingende Melodie und dreht sich immer
wieder um sich selbst, während sein Kopf in wildem
Rhythmus zuckt.

Das geht so, bis der Tanz ruhiger und langsamer und das
Kreischen immer leiser wird, dann lassen sich die Hexen erschöpft zu Boden sinken. Nach einer Weile verabschieden
sie sich vom Teufel, steigen auf ihre Besen und schwarzen
Hähne und verschwinden zischend in der Dunkelheit. Im
nächsten Jahr in der Walpurgisnacht treffen sie sich wieder
und der Spuk beginnt von Neuem.

In Berfa nahe dem Bechtelsberg soll sich vor vielen Jahren folgende Begebenheit zugetragen haben. Thomas, ein
junger Mann aus dem Dorf, besuchte am Vorabend der
Walpurgisnacht seine Verlobte Martha. Als er ins Zimmer
trat, sah er, wie sich die junge Frau gerade in ein schwar-
zes Gewand hüllte, um das sie einen Strohgürtel band.
Über ihre Haare, die zu einem langen Zopf geflochten waren, zog sie eine Haube. „Was hast du vor?", fragte Thomas.

Aber Martha antwortete nicht. Sie öffnete ein Glas mit einer Salbe, die sie sich auf die Haut strich. Thomas hörte, wie sie dazu murmelte: „Zaubersalbe hilft beim Fliegen, ich kann um jede Ecke biegen!" Mit diesen Worten schnappte sie sich einen Besen und flog – husch – zum Fenster hinaus.

Thomas sah ihr nach, wie sie in der Dunkelheit verschwand, dem Bechtelsberg entgegen. „Das ist ja eine seltsame Zauberei", dachte Thomas. Nachdenklich nahm er das Glas mit der Salbe in die Hand. Tupfte mit dem Finger hinein und strich sich etwas Salbe auf seinen Arm. Ganz leicht fühlte sich der Arm plötzlich an, als wäre er nicht aus Fleisch und Knochen, sondern ein zarter Schmetterlingsflügel. Auf seinen ganzen Körper trug er nun die Salbe auf und versuchte sich an den Zauberspruch zu erinnern, den er von Martha gehört hatte. „Zaubersalbe hilft beim Fliegen …" Wie ging es nur weiter? Ach ja, nun wusste Thomas es: „Ich kann um keine Ecke biegen!" Und schon war es ihm, als zöge eine unsichtbare Hand ihn aus dem Fenster in die kühle Nachtluft hinaus.

Ganz ohne Besen sauste er dem Berg zu. Aber da er ein Wort im Zauberspruch verwechselt hatte, stieß er an alle Laternen an, an Dächer und Schornsteine, und mit vielen blauen Flecken erreichte er schließlich den Bechtelsberg.

„Ja, wer kommt denn da angeflogen?", kicherten die Hexen. „Mein Thomas kommt uns besuchen!", rief Martha. „Spiel uns zum Tanz auf, Thomas!" Der junge Mann blickte sich um. Hinter den Hexen sah er den Teufel stehen, der ihn

mit starrem Blick ansah. In der rechten Klaue hielt er eine Trompete, die er Thomas reichte. Thomas setzte sie an den Mund, und wie von selbst begannen seine Finger eine wilde Melodie zu spielen, zu der die Hexen nun lachend und kreischend herumsprangen. Als der Tanz endlich beendet war, klopfte ihm der Teufel auf die Schulter: „Das hast du gut gemacht, Thomas. Zur Belohnung darfst du die Trompete behalten!" Er schenkte ihm auch noch einen Rucksack mit Kräppeln und einen dreibeinigen Ziegenbock, auf dem er nach Hause reiten durfte.

Thomas war froh, diesen gruseligen Ort endlich verlassen zu dürfen, packte die Trompete zu den Kräppeln in den Rucksack und schwang sich auf den Ziegenbock. „Während du auf dem Tier reitest, darfst du kein Wort sprechen!", gab ihm der Teufel noch mit auf den Weg. Thomas nickte, und humpelnd setzte sich die Ziege in Bewegung, den Bechtelsberg hinunter.

Irgendwann kamen Ziegenbock und Reiter an einen See. „Wie soll ich da hinüberkommen!", rief Thomas, denn er hatte die Mahnung des Teufels vergessen. Im selben Augenblick machte der Ziegenbock einen gewaltigen Sprung, und im Nu lag Thomas auf der anderen Seite des Sees im Schlamm. Der Ziegenbock war verschwunden.

Mühsam rappelte sich Thomas auf und machte sich zu Fuß auf den Weg zurück nach Berfa. Unterwegs bekam er Hunger. Er setzte sich auf einen Baumstumpf und öffnete den Rucksack. Wie staunte er, als er den Inhalt sah! Aus den süßen Kräppeln waren faulige Kartoffeln geworden,

und statt der Trompete lag nun eine tote Katze darin. Entsetzt warf Thomas den Rucksack weg. Hätte er doch am See geschwiegen!

Endlich war er zu Hause angekommen. Müde legte er sich in sein Bett. Doch noch immer war der Spuk nicht vorbei: Das Bett begann im Zimmer herumzufahren, hin und her und die Wände hinauf und hinunter, dass dem armen Thomas ganz schwindelig wurde. „Bett, steh still, weil ich es will!", rief er in seiner Not, und augenblicklich stand das Bett an seinem Platz und rührte sich nicht mehr. Durch das Fenster fiel das erste Tageslicht. Die verzauberte Walpurgisnacht war vorüber.

Die Herborner Wunderquelle

In Uckersdorf am Fluss Dill, wo es heute einen schönen Tierpark gibt, lebte einst eine ältere Frau namens Martha. Seit einiger Zeit war sie gebrechlich und krank. Kaum schaffte sie es, ihren Haushalt zu führen, morgens das Feuerholz zu holen oder den schweren Wassereimer vom Fluss in das kleine Fachwerkhäuschen zu tragen, in dem sie wohnte. Doch an diesem Tag konnte sie sich nicht schonen. Ihre Schwester, die im Nachbardorf lebte, wartete auf sie mit einem leckeren Kuchen. Sie hatte heute Geburtstag. Und diesen besonderen Tag wollten die beiden Frauen gern zusammen feiern.

„Pass auf dich auf, Tante Martha!" Ihre Nichte Marie, die bei ihr lebte, strich ihr über die magere Hand. Ihr war es gar nicht recht, dass sich die ältere Dame allein auf den Weg von Uckersdorf zum nächsten Ort machen wollte. Doch Martha hatte es sich in den Kopf gesetzt, mit ihrer Schwester zusammen den Geburtstag zu feiern. So zog sie den Mantel an, setzte die Haube auf ihr graues Haar und griff nach dem Stock, der ihr das Gehen erleichterte. „In zwei Tagen bin ich wieder zurück in Uckersdorf, Marie!", sagte sie freundlich zu ihrer Nichte. Mühsam humpelte sie aus dem Haus, der Landstraße zu.

Es war ein weiter und beschwerlicher Weg. Endlich kam sie am Haus der Schwester an. Die beiden Frauen hatten sich viel zu erzählen. So lange hatten sie sich nicht gesehen! Und mit Kaffee und Kuchen feierten sie ein fröhliches Fest.

Nach zwei Tagen verabschiedete sich Martha und machte sich auf den Heimweg zurück nach Uckersdorf. Erst kurze Zeit war sie gelaufen, als sie merkte, dass ihre Kraft sie verließ. Der Tag war heiß und schwül, kein Windhauch regte sich. Immer schwerer wurden ihre Schritte im Staub der Straße, der Rücken schmerzte. Schließlich konnte sie nicht weiter. Sie sank auf einen großen Stein am Wegesrand, um sich ein wenig zu erholen.

Endlich ausruhen, endlich im Schatten sitzen! Sie war müde und durstig. Da hörte sie hinter sich im Gebüsch ein Plätschern und Rauschen. Kraftlos erhob sie sich, bog mit der Hand die Zweige der Büsche auseinander und fand eine Quelle mit frischem kühlen Wasser.

Lange dauerte es, bis Martha sich auf ihre Knie niedergelassen hatte. Sie schob ihre Hände in den munteren Strudel und trank. Das Wasser schmeckte köstlich, viel besser als das Wasser des Flüsschens Dill, das in Uckersdorf direkt an ihrem Haus vorbeifloss. Martha trank, als hätte sie seit Tagen nichts getrunken, sie konnte gar nicht mehr aufhören. Und während sie trank, schien es ihr, als kehrten ihre Kräfte zurück. Lange hatte sie sich nicht so wohl gefühlt. Mühelos stand sie auf und setzte ihren Heimweg fort. Die Hitze schien ihr nun viel weniger auszumachen, und es dauerte nicht lange, bis sie zu Hause

ankam. „Ich bin zurück, Marie!", rief sie ihrer Nichte zu, als sie ihr Häuschen betrat. „Die Reise hat dir gut getan!", meinte Marie, als sie ihre Tante sah. „Du bist nicht mehr so blass, und dein Gesicht ist viel fröhlicher als zuvor!" Ja, es schien wie ein Wunder. Hatte das Quellwasser heilende Kräfte?

Martha machte es nun nichts mehr aus, zu Fuß in den Nachbarort zu gehen. Immer, wenn sie an der Quelle vorbeikam, trank sie von dem glasklaren Wasser. Sie merkte,

dass es sie gesund machte. Von Tag zu Tag ging es ihr besser, und nach einiger Zeit war sie ganz gesund geworden.

Die heilende Kraft der Quelle, die man auch Born nennt, sprach sich unter den Leuten herum, und bald machten sich viele Menschen aus Uckersdorf auf den Weg zur Quelle und tranken daraus. Müdigkeit und Krankheiten verschwanden, das Wasser aus dem Born machte munter und gesund. Irgendwann hörten die Ratsherren der nahe gelegenen Stadt Dillenburg von der heilsamen Quelle. Auch sie tranken davon und wurden frisch und munter wie junge Männer. Sie lobten die wundersame Wirkung des Wassers, und so wurde die Quelle im ganzen Land berühmt. Man nannte sie „der Herren Born". Daraus entstand Herborn, denn so spricht es sich leichter aus. Darum heißt die Stadt, die später an dieser Stelle gebaut wurde, Herborn.

Martha aber lebte noch viele Jahre in Uckersdorf, das heute ein Stadtteil von Herborn ist.

Die Teufelsmühle von Ilbeshausen

Direkt am Vogelsberg-Gebirge, das vor vielen Millionen Jahren einmal aus feuerspuckenden Vulkanen bestand, liegt der Ort Ilbeshausen. Viele Menschen kommen in den Ferien hierher, denn Ilbeshausen ist ein hübsches Dorf, und die Gebirgsluft ist so klar und rein, dass kranke Leute, die unter Husten leiden, ganz schnell wieder gesund werden.

In diesem Dorf, umgeben von Wiesen und Bäumen, steht eine alte Wassermühle. Es ist nicht irgendeine Mühle, wie sie überall zu finden ist. Sie ist so schön wie keine andere weit und breit. Ganz aus Holz ist sie gebaut. Vorne, zur Eingangstür hin, sieht man zwei Etagen übereinander, auf der Rückseite reicht das Dach bis zum Erdgeschoss hinunter. Kostbare Verzierungen schmücken das Fachwerkhaus: Kreise und Kreuze und viele ineinander verschlungene Ornamente. Auch die Haustür ist kunstvoll verziert. Wer dieses Bauwerk sieht, fragt sich: Wie konnte ein Mensch so etwas Schönes erbauen? Doch der Name dieser Mühle lässt erkennen, dass es wohl kein Mensch war, der sie allein errichtete. Man nennt sie die Teufelsmühle. Ob es wirklich der Teufel war, der sie erbaute?

Vor langer Zeit lebte in Ilbeshausen ein Zimmermann. Sein Name war Hans. Schon viele Häuser hatte er gebaut, eines schöner als das andere. Nun aber wollte er eine Mühle errichten, so kunstvoll und prächtig, wie es keine zweite gab. Sieben Jahre lang bereitete er sich auf diese Arbeit vor, schlug das Holz im Oberwald, sägte die Stämme zu Fachwerk-Balken zurecht und hobelte sie glatt. Dann zeichnete er den Bauplan und wollte sich ans Werk machen.

„Ich bin wirklich ein geschickter Handwerker", dachte er bei sich, während er die schweren Balken betrachtete, die darauf warteten, ein Mühlenhaus zu werden. „Niemand auf der weiten Welt kann sich mit mir messen. Dieses Bauwerk wird das schönste sein, das die Menschen je erblickt haben!"

Während er so grübelte und wohl auch seine Gedanken vor sich hin murmelte, hörte er hinter sich polternde Schritte. Hans drehte sich um. Da stand ein Mann vor ihm, der ihn spöttisch ansah. „Soso, lieber Hans, du bist also der beste Baumeister!" Hans schluckte. Denn er wusste, wer da vor ihm stand. Der Pferdefuß verriet ihn. Es war der Teufel. Doch Hans hatte keine Angst vor dem Fremden. Was konnte er ihm schon anhaben! „Ja", sagte er, „ich werde eine Wassermühle bauen, so schön wie keine andere auf der Welt. Selbst die armen Seelen bei dir in der Hölle werden mich bewundern. Ich bin der beste Zimmermann, der je ein Haus erbaut hat!"

Der Teufel hörte ihm schweigend zu. Dann zog er eine Augenbraue in die Höhe und schob mit seiner knochigen Teufelsklaue seinen Hut zurecht. „Soso", sagte er zum

zweiten Mal. „Und wie lange wirst du für das Wunderwerk brauchen?" „Ich bin nicht nur geschickt, ich bin auch schnell", erwiderte Hans. „In einem halben Jahr wird an dieser Stelle eine prächtige Mühle stehen!" „Ein halbes Jahr?" Der Teufel kicherte. „Da wäre ich aber schneller. Lass uns die Arbeit zusammen vollbringen! Wollen wir wetten, dass ich noch viel schneller und auch viel schöner bauen kann als du?"

Das konnte Hans nun wirklich nicht glauben. Er war der beste Handwerker, davon war er überzeugt. Darum hatte er keine Angst vor einer solchen Wette und schlug ein, als ihm der Teufel die Klaue reichte. „Einverstanden. Gleich morgen früh geht es los!"

Am nächsten Morgen in aller Frühe trafen sich die beiden an der Baustelle. Hans gähnte, reckte sich, um die Müdigkeit aus seinem Körper zu vertreiben, und hob ächzend den ersten Balken an, um ihn aufzurichten. Da sah er, wie der Teufel ohne Mühe mit einer Klaue einen schweren Holzbalken ergriff. Es sah aus, als würde er eine Feder hochheben. Im Nu hatte er ihn mit anderen Balken verbunden. Schon bald war das Fachwerk errichtet. Wie der Wind huschte der Teufel um das Haus herum, kletterte hierhin und dorthin, schnitt kunstvolle Ornamente ins Gebälk, fügte Tür und Fenster ein und deckte auch noch blitzschnell das Dach mit roten Ziegeln. Als es Abend wurde, war die prächtige Mühle fertig. Hans hatte gerade mal einige Balken mit Schnitzereien verziert, die aber längst nicht so hübsch aussahen wie das Teufelswerk. „Na", rief der Teufel ihm zu, „wer von uns

beiden ist der bessere Zimmermann?" Triumphierend häng-
te er seinen Hut an den oberen Giebel der Mühle. Hans war
müde von seiner Arbeit, und er war schlecht gelaunt, weil
er merkte, dass er seine Wette verloren hatte. „Na, ich bin
natürlich der bessere Zimmermann", murmelte er. Da packte der Teufel ihn beim Kragen, erhob sich mit ihm in die
Lüfte und ließ ihn über einem Kornfeld fallen. Hart schlug
Hans zwischen den Ähren auf den Boden. Eine Weile blieb

er besinnungslos dort liegen, dann zählte er seine blauen
Flecke und humpelte nach Hause. Die Mühle aber bekam
den Namen „Teufelsmühle", und sie heißt bis heute so.

Es scheint, als sei der Teufel gern in der Gegend um
Ilbeshausen unterwegs gewesen. Auch bei den nahe

gelegenen Uhuklippen ließ er sich blicken. Dort kann man noch heute einen großen flachen Stein sehen, der wie ein Tisch geformt ist.

An einem Abend vor vielen Jahren saßen dort zwei Waldarbeiter, um sich nach ihrem schweren Arbeitstag noch etwas auszuruhen, bevor sie sich auf den Heimweg machten. Einer von ihnen nahm ein Päckchen Karten aus der Tasche, und sie begannen zu spielen. Doch zu zweit machte ihnen das Kartenspielen wenig Spaß. Außerdem hätten sie gern um Geld gespielt, aber sie hatten nur noch ein paar Kreuzer in ihren Geldbörsen. „Wir bräuchten einen dritten Mann", meinte der eine. „Ja", erwiderte der andere, „jemand mit viel Geld, bei dem wir ordentlich etwas verdienen könnten!"

In diesem Moment sahen sie jemanden den Waldweg entlangkommen. Düster sah er aus, seinen Schlapphut hatte er tief ins Gesicht gezogen. Die beiden Arbeiter sahen sich an. „Der kommt gerade recht", meinte der eine. „Sollte er Geld haben, werden wir es ihm bald abgeknöpft haben." Und schon winkte der andere dem Fremden: „He, hast du Lust, mit uns ein paar Runden zu spielen?"

Der Mann kam auf sie zu und setzte sich schweigend zu ihnen an den steinernen Tisch. Er zog einen Lederbeutel aus der Tasche und öffnete ihn. Viele blanke Golddukaten funkelten in der Abendsonne. Die beiden Waldarbeiter waren sich einig: Dieses Geld würde bald ihnen gehören. Sie begannen zu spielen. Und tatsächlich wanderte ein Goldstück nach dem andern über den Tisch in ihre Beutel.

Wie sich die Männer freuten! Doch plötzlich war ihre Glückssträhne vorüber. Jedes Spiel gewann nun der Fremde, und er holte sich nicht nur sein eigenes Geld zurück, sondern hatte bald auch die letzten Ersparnisse der beiden Mitspieler in seine Börse gesteckt.

Als diese keinen einzigen Kreuzer mehr besaßen, stand der Fremde ohne ein Wort auf und verschwand im Wald. Erst jetzt sahen die beiden Waldarbeiter, dass einer der Füße des Mannes ein Pferdehuf war. Nun wussten sie, dass sie mit dem Teufel Karten gespielt hatten. Und sie waren froh, dass er ihnen nur ihr Geld abgenommen hatte und nicht mit ihren Seelen in die Hölle geflogen war.

Den großen flachen Stein nennt man seitdem den „Teufelstisch". Jedes Jahr in der Walpurgisnacht, wenn das helle Mondlicht über den Uhuklippen liegt, soll der Teufel dort sitzen und sich an das Kartenspiel mit den arglosen Waldarbeitern erinnern. Sein höhnisches Lachen, so sagt man, sei dann bis in die umliegenden Dörfer zu hören.

Die Moorjungfern von Wüstensachsen

Inmitten der sanften Berge der Hohen Rhön, im Tal des Flusses Ulster, liegt Wüstensachsen. Viele Menschen besuchen diesen Ort, um sich zu erholen und die gute Luft zu schnuppern.

Vor langer Zeit kamen jedes Jahr ganz besondere Gäste nach Wüstensachsen. Immer wenn im Dorf Kirchweihfest war, sah man drei junge Mädchen, die niemand kannte. Wenn die Musik im Bürgerhaus zu spielen begann und sich die ersten Paare auf der Tanzfläche drehten, standen sie plötzlich am Rande der Menschenmenge. Und schon begannen die Leute zu tuscheln: „Seht, die Moorjungfern sind gekommen!" „Da sind sie wieder, wie jedes Jahr!"

Schweigend standen die Mädchen da. Sie hatten sich hübsch gemacht, bunte Kleider angezogen und das Haar zu langen Zöpfen geflochten, die von seidenen Schleifen gehalten wurden. Und doch schien es, als wären sie anders als die Mädchen aus Wüstensachsen, die sich im Tanz drehten. Die drei Fremden lachten nicht und sprachen nicht, und man konnte glauben, sie berührten beim Gehen nicht den Boden, so leicht schwebten sie dahin. Nie blieben sie länger als drei Tänze. Nach dem dritten

Tanz waren sie plötzlich verschwunden. So ging es Jahr für Jahr.

Auch an diesem trüben November-Tag kamen die drei Mädchen zum Kirmes-Tanz nach Wüstensachsen. Stumm

und bleich standen sie am Rand der Tanzfläche und schauten zu. Drei junge Männer aus dem Dorf, Heinrich, Klaus und Dietrich, sahen die Mädchen verstohlen an. „Was ist?", fragte Klaus, „wollen wir die drei Moorjungfern über das Parkett wirbeln?" Und schon hatte jeder von ihnen eines der Mädchen aufgefordert und drehte sich mit ihm auf der Tanzfläche. Nach zwei Tänzen lösten sich die Mädchen von ihren Tänzern. Sie stellten sich wieder etwas abseits und beobachteten das Treiben. Die drei jungen Männer blieben in ihrer Nähe. „Ich hätte noch stundenlang weitertanzen können", meinte Dietrich. „So zart und federleicht ist keines der Mädchen aus dem Dorf!" Auch Heinrich war begeistert: „Mir geht es genauso. Wer einmal mit einer Moorjungfer getanzt hat, will keine andere mehr." Klaus nickte nur. Die beiden sprachen aus, was auch er gedacht hatte.

Aber etwas unheimlich waren die drei den Freunden doch. Warum lachten sie nie wie die anderen Mädchen? Warum sagten sie kein einziges Wort? Und warum verschwanden sie immer nach dem dritten Tanz? „Wir werden es herausfinden!", versprach Klaus.

So forderten sie die Moorjungfern abermals auf. Nach diesem Tanz wollten die Mädchen schnell zur Tür hinaus, aber die Freunde hielten sie fest: „Nur noch ein Tanz! Bitte!" Die Mädchen schüttelten die Köpfe. „Dann sagt uns wenigstens, woher ihr kommt und wer ihr seid!"

Da begann eine von ihnen zu sprechen.

„Nicht weit von hier", erzählte sie, „liegt das Schwarze Moor. Es ist ein gefährlicher Ort, denn so mancher, der

vom Weg abkam, ist darin versunken. Früher stand dort eine schöne Stadt. Doch die Leute, die in dieser Stadt lebten, waren keine guten Menschen. Sie bestahlen sich gegenseitig und raubten die Armen aus, sie logen und prügelten sich, und wenn jemand krank war, gab es niemanden, der sich um ihn kümmerte. Es waren raue und herzlose Menschen. – Eines Tages ertönte ein entsetzliches Brausen, ein Blitz fuhr vom Himmel, und die ganze Stadt versank krachend in der Erde. Die Menschen, die in der Stadt lebten, wurden mit in die Tiefe gezogen. Nur wenige konnten sich retten. Wo die Stadt gewesen war, entstand ein schwarzer See. Daraus wurde langsam ein tiefes Moor."

Die drei Freunde hörten dieser Erzählung gespannt zu. „Nun weiß ich", rief Klaus, „warum es aus dem Moor manchmal brodelt und gluckert! Mancher sagt sogar, er habe aus der Tiefe Hähne krähen und eine Turmuhr schlagen hören!"

„So ist es", erwiderte die Moorjungfer. „Tief unten ist das Leben nicht erloschen. Doch den Menschen, die mit ihrer Stadt versanken, ist es verboten, nach oben ans Tageslicht zu kommen. Sie müssen ausharren in der dunklen Tiefe. Nur wir drei Schwestern dürfen einmal im Jahr das Moor verlassen und zu den Menschen gehen."

„Dann bleibt doch hier bei uns", rief Heinrich. „Das tiefe dunkle Moor ist doch wirklich kein schöner Ort, um dort zu leben!" Doch die Jungfern schüttelten die Köpfe. „Das ist uns nicht erlaubt. Wir durften nur ans Tageslicht

kommen, wenn wir nicht lachten und nicht sprachen und nicht mehr als drei Mal tanzten. Wir haben nicht gelacht und nur drei Mal getanzt. Aber wir haben gesprochen, weil ihr uns darum gebeten habt. Darum dürfen wir in Menschengestalt nun nie mehr wiederkommen." Traurig sahen sich die Moorjungfern an. Langsam gingen sie durch den November-Nebel aus Wüstensachsen fort, dem Moor zu.

Niemand hat sie seitdem mehr gesehen. Doch in dunklen Nächten schweben flackernde Irrlichter über dem geheimnisvollen Schwarzen Moor. Man sagt, das seien die Moorjungfern.

Der Meisterschütze im Eschenheimer Turm

„Na, Hänsel, da hast du ja noch eine lange Zeit im Turm vor dir!" Der alte Wächter Johann blickte durch die vergitterte Luke in der niedrigen Tür und schmunzelte. „So mancher ist hier schon von den Ratten und Mäusen aufgefressen worden!" Hans Winkelsee, den alle Hänsel nannten, saß auf seiner harten Pritsche, hatte den Kopf in die Hände gestützt und sah traurig zur Tür. „Recht hast du, Johann. Ich werde hier wohl verschimmeln. Neun Tage sitze ich schon in diesem Loch. Und bis ich meine Freiheit wiederhabe, bin ich alt und grau!"

„Nun iss erst mal", brummte Johann, öffnete die Luke und schob einen Napf hindurch. Langsam und missmutig erhob sich Hänsel von seinem harten Lager und nahm sein Essen in Empfang. Traurig ruhte sein Blick auf der wässrigen Brühe, in der ein hölzerner Löffel schwamm. Ein hartes Stück Brot gab es dazu.

Warum musste Hans Winkelsee hier hoch oben im Eschenheimer Turm zu Frankfurt im dunklen Kerker sitzen? Weil er ein Wilddieb war. Im dichten Wald vor den Toren der Stadt hatte er so manches Reh und Wildschwein erlegt und das Fleisch für gutes Geld verkauft. Doch das war

streng verboten. Denn in dem Waldgebiet, das man im Mittelalter „Wildbann Dreieich" nannte, durften nur der König und die Adligen jagen. Wer sich dem Verbot widersetzte, wurde schwer bestraft. So wie Hans.

Der saß auf seiner Pritsche und rührte in der dünnen Suppe. Wie schön wäre es, jetzt draußen durch den Wald zu reiten! Das Wild schlau aufzuspüren. Die Büchse anzulegen und einen Hirsch – paff – mit dem ersten Schuss zu erlegen! Während Hänsel so von der Freiheit träumte, hörte er über sich die Wetterfahne, die sich auf der Turmspitze knarrend im Wind drehte. Hans hob den Kopf. „Wäre ich endlich frei", rief er der Wetterfahne zu, die mit zunehmendem Wind immer stärker quietschte, „so würde ich dir mit meiner Büchse neun Löcher durchs Blech schießen. Eins für jeden Tag, den ich hier in diesem elenden Kerker zubringen musste!"

Johann, der Wächter, war gerade auf der Treppe auf dem Weg nach unten, als er Hänsels Worte hörte. Er kehrte um. „Meinst du das ernst?", fragte er den Gefangenen. „So ernst, wie ich diese Suppe nicht essen mag", gab Hans lachend zurück.

Der alte Johann stieg die Treppe hinab. „Wer ein solches Kunststück beherrscht", meinte er leise zu sich selbst und schüttelte ungläubig den Kopf, „der hat es nicht verdient, im Kerker zu schmoren." Er beschloss, dem Bürgermeister der Stadt davon zu berichten. Und eilig machte er sich auf den Weg zum Rathaus.

Die Ratsherren saßen an einem langen Tisch aus Eichenholz. Als Johann eintrat, schauten sie ihn fragend an.

Was gab es so Wichtiges, dass der alte Kerkerwächter sie in ihren Beratungen störte? Johann nahm seine Mütze ab. „Herr Bürgermeister, verehrte hohe Herren", begann er. „Wie Ihr wisst, sitzt im Eschenheimer Turm ein Wilddieb namens Hans Winkelsee. Eine lange Gefängnisstrafe war-

tet auf ihn." Die Männer nickten. Und Johann fuhr fort: „Dieser Hans scheint ein so guter Schütze zu sein, wie ihn die Welt noch nicht gesehen hat! Er gab an, neun Löcher in die Wetterfahne oben auf dem Turm schießen zu können!" Der Bürgermeister erhob sich. „Von ganz unten bis ganz nach oben will er so gut zielen können? Das wäre

wirklich ein Meisterstück!" „Wirklich ein Meisterstück!",
wiederholten die Ratsherren. Johann lächelte. „Hätte ein
solcher Meisterschütze nicht die Freiheit verdient?" Leise
berieten sich die Ratsherren. Endlich sagte der Bürgermeister: „Nun gut. Soll der Hans seine Kunst zeigen!
Schafft er es, so ist er frei. Sollte er aber auch nur einmal
danebenschießen, bekommt er ein Jahr Gefangenschaft
obendrauf!"

Noch am selben Tag führte man den Gefangenen aus
seinem Verlies ins Freie. Hänsel blinzelte, seine Augen waren das helle Sonnenlicht nicht mehr gewöhnt. Eine große
Menschenmenge hatte sich um den Turm versammelt. Alle reckten die Hälse und wollten sehen, ob Hans sein Versprechen einlösen würde. Man reichte ihm das Gewehr.
Zwischen den Zuschauern sah er ein hübsches junges
Mädchen stehen. Es war Bärbel, Johanns Tochter. Einige
Male hatte sie ihm im Turm sein Essen gebracht, und immer hatte er sich gefreut, wenn er ihr lachendes Gesicht
hinter der vergitterten Luke erblickte. „Für dich werde ich
es schaffen", dachte Hänsel. „Du gibst mir den Mut dazu!"

Er legte die Büchse an und kniff ein Auge zu. Ein Schuss
krachte. In der Wetterfahne prangte ein Loch. „Bravo", riefen die Menschen. „Er hat getroffen!" Wieder ertönte ein
Schuss, und das zweite Loch war zu sehen. So schoss
Hans neun Mal, und für jeden Tag, den er im dunklen Kerker verbracht hatte, zischte eine Kugel ins Blech der Wetterfahne. Doch Hans hatte nicht nur neun Mal getroffen,

die Löcher bildeten auch die Zahl Neun. Mit offenem Mund stand der Bürgermeister da und konnte nicht fassen, dass so etwas möglich war. „Du bist wirklich ein Meisterschütze, lieber Hans", rief er endlich. „Hiermit schenke ich dir die Freiheit!"

Insgeheim aber dachte er: „Ein Mann, der so gut schießen kann, wird sicherlich bald wieder im königlichen Wald die Rehe und Hirsche erlegen. Wie kann man das nur verhindern?" Er beriet sich mit seinen Stadträten. Einer von ihnen hatte eine Idee. „Wie wäre es, wenn wir Hans zum Hauptmann unserer Schützen machten? Der Schutz der Bürger ist eine wichtige Aufgabe, dabei vergisst der Hans vielleicht das Wildern. Er würde gut bezahlt und bräuchte nicht mehr des Königs Wild zu rauben!"

Der Bürgermeister nickte. Und er trug dem Meisterschützen das Angebot vor: „Bleib bei uns, Hans! Werde unser Schützenhauptmann und wache über die Sicherheit der Menschen in unserer Stadt!" Doch Hänsel lachte nur, als er das hörte. „Habt Dank, Herr Bürgermeister! Aber ein solches Leben ist nichts für mich. Ich brauche den Wind um die Nase und die Freiheit des Waldes. Auch quietscht mir die Fahne auf Eurem Turm zu laut." Mit diesen Worten legte er seine Büchse über die Schulter und wollte gehen. Da sah er Bärbel neben ihrem Vater stehen. Eine Träne kullerte über ihre Wange. Hänsel ging zu ihr und flüsterte ihr ins Ohr: „Sei nicht traurig! Ich komme irgendwann wieder!" Und mit leichten Schritten verließ er die Stadt.

Im Torbogen des Eschenheimer Turms ist ein menschliches Gesicht in Stein gehauen. Manche meinen, das sei Hans Winkelsee. Und wer genau hinsieht, entdeckt oben auf dem Turm die Wetterfahne mit neun Löchern.

Der Ameisentopf

In Marburg lebte vor langer Zeit ein armer Schreiner namens Max. Er war nicht ohne Grund so arm. Denn Max hatte einfach keine Lust, schon am frühen Morgen Schränke und Tische und Kommoden zu bauen. Viel lieber lag er in seinem warmen, weichen Bett und schlief. „Steh auf, Max, du Faulpelz!", rief morgens oft seine Frau. „Die Arbeit wartet!" Doch Max hörte nicht auf Annas Worte. Er blinzelte nur kurz und zog den Zipfel seiner Decke über die Augen, damit ihn das Sonnenlicht nicht blendete, das durchs Fenster fiel. So ging das Tag für Tag. Erst am Nachmittag stand Max auf und ging in seine Werkstatt.

In der Habichtstalgasse, an der heute der Hauptfriedhof liegt, besaßen die Eheleute einen Garten. Hier hatte Anna Gemüse angebaut: Möhren und Kartoffeln, Bohnen und Zwiebeln und Kohl. Das alles musste gepflegt und gegossen werden. Sonst hätten sie hungern müssen. Denn um einkaufen zu gehen, fehlte ihnen das Geld.

Auch an diesem Morgen wollte Anna wieder in den Garten, um die Erde umzugraben und Unkraut zu zupfen. Das war schwere Arbeit, und sie sah nicht ein, dass sie alles allein erledigen sollte. „Max!", rief sie ihrem Mann ins Ohr. „Aufstehen! Du musst mir im Garten helfen!" Max öffnete ein Auge und sah seine Frau verschlafen an.

„Mach dich schon mal auf den Weg! Ich komme gleich nach!" Mit diesen Worten schloss er sein Auge wieder und drehte sich um. „Wer's glaubt!", meinte Anna und verließ das Haus.

Im Garten angekommen, griff sich die Frau einen Spaten und begann das Gemüsebeet umzugraben. Es war ein schöner Tag. In den Bäumen zwitscherten die Vögel, und ein leichter Wind wiegte sanft die Zweige der Büsche. Plötzlich hörte Anna ein Geräusch unter sich, als wäre sie auf etwas Hartes gestoßen. Sie warf den Spaten beiseite und begann mit den Händen zu graben. Bald fand sie, was den Klang erzeugt hatte. Es war ein großer Topf. Mühsam zog Anna das Gefäß aus der Erde. Endlich hatte sie es geschafft. Doch entsetzt schrie sie auf: Sie sah ein Kribbeln und Krabbeln. Der ganze große Topf war mit Ameisen gefüllt!

Bald hatte sie sich von ihrem Schreck erholt und sah sich das Ameisennest neugierig an. Emsig wimmelten die kleinen Tiere durcheinander. „Wie unangenehm müsste es sein", dachte Anna, „wenn einem die Tierchen über die Arme und Beine krabbeln! Da wird jeder müde Bursche munter!"

Sie schnappte sich den Topf und ging damit nach Hause. Leise öffnete sie die Tür zum Schlafzimmer.

Natürlich lag Max noch immer in tiefem Schlaf. Seine Frau schlich durch das Zimmer, und ohne dass ihr Mann etwas merkte, stellte sie den Topf unter das Bett. Dann kehrte sie in den Garten zurück. Sie musste lachen, als sie

daran dachte, wie Max schreiend aus dem Bett springen würde, über und über mit Ameisen bedeckt. Der Faulpelz hatte es verdient!

Erst am späten Nachmittag war Anna mit ihrer Arbeit fertig und machte sich auf den Heimweg. Sie freute sich über ihren Streich. Sie erwartete, dass Max ihr von der Krabbeltieren berichtete und wie furchtbar es gewesen sei, als die Tierchen über ihn herfielen. Doch als sie das Haus betrat, kam Max ihr nicht entsetzt entgegen. Nein, er saß gemütlich in seinem Bett. Und um ihn herum wimmelten keine Ameisen, sondern es lagen viele kleine Goldstücke auf der Decke. Anna konnte nicht glauben, was sie sah. „Wo sind denn die Ameisen?", rief sie. Max sah sie

verwundert an. „Ameisen? Nein, ich habe zwar ein Kribbeln und Krabbeln in meinem Bett gespürt, aber plötzlich
lagen da die blanken Taler!" Anna sprang auf das Bett zu.
Darunter stand noch immer der Topf. Doch als sie ihn
hervorzog, war er leer. Keine einzige Ameise war darin
zu sehen.

Das Gold machte Max und Anna reich, ihre Sorgen hatten ein Ende. So werden manchmal eben auch die Faulen
belohnt.

Wie die heißen Quellen in Wiesbaden entstanden

In den dichten Wäldern des Taunus liegt zwischen sanften Hügeln und grünen Tälern die Stadt Wiesbaden. Dort lebte vor vielen Jahren ein Riese namens Ekko. Er war ein friedlicher Riese, der die Menschen beschützte und niemandem etwas zuleide tat. Wenn er jemanden traf, so lächelte er freundlich, und seine blauen Riesenaugen blitzten. Oft hörte man sein Lachen im Wald, so laut wie Donnergrollen, aber niemand musste vor ihm Angst haben.

Es gab jedoch etwas, das seine gute Laune immer wieder verdarb: Das war der wilde Drache, der sich im Taunus herumtrieb. Dieses Untier war alles andere als freundlich. Mit schweren Schritten tapste es durch die Wälder, und sein heißer Atem versengte die Wipfel der Bäume. Tief unter der Erde hatte er seine finstere Höhle. Hierher schleppte er jeden Tag seine Beute: Hühner und Schafe und Kühe, die er in den nahen Dörfern gestohlen und erlegt hatte. Kaum jemand traute sich in die Nähe der Drachenhöhle, zu groß war die Gefahr, dem Untier zu begegnen. Jeder, der es durch den Wald stapfen hörte, lief fort, so schnell

ihn seine Füße trugen. Der Riese Ekko war ihm einmal begegnet und hatte versucht, ihn zur Rede zu stellen. „Warum bist du so böse?", fragte er. „Warum erschreckst du die Menschen und stiehlst deren Vieh? Wir könnten doch alle zusammen friedlich hier im Taunus leben!" Der Drache schaute ihn mit seinen schmalen, gemeinen Augen an und grinste mit seinem breiten Drachenmaul. Dann schnaubte er einen Feuerstrahl aus seinem Rachen und stürzte sich auf den Riesen. Mit einem Happs biss er ihm den kleinen Finger der linken Hand ab und verschwand. Armer Ekko! Er hatte große Schmerzen, und es dauerte lange, bis die Wunde verheilt war. Seitdem hasste Ekko den Drachen. Und er überlegte, wie er das böse Wesen zur Strecke bringen könnte. Niemand hörte mehr sein Lachen im Taunus. Seine gute Laune war dahin. Den Drachen musste er finden! Das war nun sein Ziel.

Tag für Tag durchstreifte er den Wald auf der Suche nach dem bösen Widersacher. Doch er fand ihn nicht. Der Drache war zu schlau und zu gerissen. Nur nachts, wenn Ekko schlief und sein Schnarchen durch die Wälder tönte, ging der Drache auf Beutezug.

Eines Tages hatte Ekko genug. Er musste die Höhle des Untiers finden und es erlegen! Mit einer langen Lanze bewaffnet machte er sich auf den Weg. Immer wieder stieß er die Lanze tief in die Erde, um die Drachenhöhle ausfindig zu machen. An einigen Stellen war es ihm, als hörte er das spöttische Lachen des grässlichen Wesens. Wo Ekko die Erde durchbohrt hatte, spritzte siedend heißes Wasser

aus der Tiefe. Plötzlich traf ihn ein Strahl des kochenden Wassers mitten ins Gesicht. Das tat weh! Ekko fiel zu Boden. Im Fallen versuchte er, sich mit seinem linken Arm abzustützen. Tief gruben sich sein Arm und seine Hand in den weichen Erdboden. Wo der Unterarm des Riesen einsank, entstand das langgestreckte Salzbachtal. Seine

Handfläche bildete den Wiesbadener Kessel, und aus dem Abdruck seiner vier Finger wurden das Wellritztal, das Walkmühltal, das Nerotal und das Rambachtal.

Ekko hatte nun keine Lust mehr, das Untier zu jagen. Mit diesem Feind konnte er es nicht aufnehmen. Sollte der böse Drache doch weiterhin hier sein Unwesen treiben! Er würde ihm in Zukunft aus dem Weg gehen.

Ekko hatte Glück: Der Drache ließ sich seitdem nicht mehr blicken. Doch er lebt noch heute unter der Erde und bläst heiße Luft durch die Löcher, die der Riese Ekko auf der Suche nach der Drachenhöhle mit seiner Lanze in den Erdboden gestoßen hatte. Das sind die heißen Quellen, die in Wiesbaden aus dem Boden sprudeln.

Die Frau
von Bensheim

An der Bergstraße im Odenwald, zwischen Frankfurt und Heidelberg, liegt die Stadt Bensheim. Dort steht an dem Platz, wo sich früher die alte Stadtmühle befand, ein Brunnen. Aus dem Wasserbecken ragt eine gemauerte Säule, auf der eine Figur zu sehen ist: eine alte Frau, in ein einfaches Gewand gekleidet wie in früheren Zeiten. In der rechten Hand trägt sie eine Laterne. Zu ihren Füßen kauert ein Kätzchen. Die Frau scheint sich gerade umzublicken. Mit ihrer linken Hand gibt sie jemandem ein Zeichen, ihr zu folgen. Diese Brunnenfigur erinnert an eine Begebenheit, die sich vor fast 400 Jahren im Dreißigjährigen Krieg zugetragen haben soll.

Die Katholiken und die Protestanten waren damals Konkurrenten. Beide Religionen kämpften darum, ihren Glauben durchzusetzen. Doch vor allem war dieser Krieg der Versuch, die Macht an sich zu reißen. Darum schlugen die Soldaten aufeinander ein und schossen mit Musketen und schweren Kanonen, bis viele Dörfer und Städte verwüstet waren.

Die kämpfenden Soldaten und auch die Bürger mussten großes Elend erleiden. Es gab kaum etwas zu essen, in

den Wintern froren die Menschen bitterlich, Seuchen und andere Krankheiten breiteten sich aus. In manchen Gegenden überlebte weniger als die Hälfte der Bewohner die grausamen Jahre.

Auch Bensheim wurde von dem schrecklichen Krieg nicht verschont. Es war im November des Jahres 1644. Obwohl die Stadt von einer hohen Mauer umgeben war, schafften es die Feinde, dort einzudringen. Schwer bewaffnete schwedische und französische Soldaten rückten bis zum Marktplatz vor. Sie waren Verbündete der protestantischen Länder. Es entbrannte ein heftiger Kampf zwischen den Bensheimern und den Eindringlingen. Die Feinde plünderten die Geschäfte und warfen viele Menschen aus ihren Häusern, um selbst darin zu wohnen.

Zwei Wochen nach Beginn der Belagerung hörte man vor den Toren Bensheims Befehle und Rufe in einem anderen Dialekt: Mit vier schweren Kanonen wollten sich Soldaten aus Bayern ebenfalls Zutritt zu der Stadt verschaffen, Bensheim unter ihre Gewalt bringen und so die Macht in diesem Gebiet erlangen. Doch vergeblich. Die trutzige Stadtmauer konnten sie nicht bezwingen. Nur bis in die Vorstadt schafften sie es. So schlugen sie ihre Zelte dort auf und überlegten, wie sie nun vorgehen sollten.

In der Vorstadt von Bensheim lebte damals eine alte Frau. In ihrem Häuschen war es eiskalt an diesem frostigen Dezembertag. Gerade brühte sie sich einen wärmenden Kräutertee auf. „Schlimme Zeiten sind das!", murmelte sie vor sich hin. Und es war, als könnte ihre Katze sie

verstehen, denn sie gab ein leises „Miau" von sich, als würde sie sagen: „Recht hast du!" Die alte Frau goss sich Tee in den Becher. „Könnten wir doch die Eindringlinge endlich vertreiben! Mir wäre jedes Mittel recht!" Da drangen die Stimmen der bayerischen Soldaten an ihr Ohr. Sie blickte aus dem Fenster, sah die schneebedeckten Zelte der Soldaten und hörte die Pferde wiehern. Im gedämpften Licht der Wintersonne blitzte das Metall der Kanonen. Wieder einmal standen Feinde in der Vorstadt. Aber könnte man nicht Feinde auch zu Verbündeten machen und damit der schrecklichen Belagerung ein Ende bereiten? Die Frau rückte ihre Haube zurecht und verließ ihr Häuschen. Eilig lief sie durch die Vorstadt, und schon bald stand sie mitten im Lager des bayerischen Heeres.

„Was willst du hier?", fragte eine barsche Stimme. Grete, eine Marketenderin, sah sie unfreundlich an. Sie stand neben ihrem Wagen, auf dem Brot und Gemüse für die Soldaten lagen. Zu Fuß begleitete sie das bayerische Heer durch den Krieg, um die Männer mit Lebensmitteln zu versorgen. Und nun fürchtete sie wohl, die alte Frau habe es auf die Lebensmittel abgesehen. Doch die Alte ließ sich nicht einschüchtern. Sie berührte freundlich den Arm der jungen Frau. „Hab keine Angst", sagte sie zu ihr. „Ich will dir nichts Böses! Ich möchte nur einmal mit einem eurer Anführer sprechen. Wo finde ich ihn?"

Die Marketenderin nickte knapp und zeigte auf einen Soldaten, der gerade eine Landkarte studierte. Anders als die einfachen Soldaten trug er einen dicken wärmenden Mantel

über seiner Uniform. „Da steht er. Oberst Johann Wolf. Geh nur zu ihm!" Mit diesen Worten drehte sich Grete um und verschwand mit ihrem schweren Wagen im Getümmel.

Die Alte ging auf den Soldaten zu und senkte bescheiden den Kopf. „Grüß Gott!", sagte sie, denn sie wusste, dass das die Begrüßung der Bayern war. Überrascht sah der Oberst auf. „Grüß Gott", sagte auch er und sah die alte Frau neugierig an. „Was führt dich zu mir?"

„Es mag Euch merkwürdig vorkommen, dass ich Euch aufsuche", begann die Alte. „Denn schließlich seid Ihr unser Feind. Aber ich hätte nichts dagegen, wenn Ihr mit Eurem Heer in unsere Stadt einzieht und die Franzosen und Schweden kurzerhand hinauswerft! Die ungebetenen Gäste benehmen sich gar zu schlecht" „Tja, liebe Frau", erwiderte der Soldat. „Das würden wir ja gern. Aber die Mauern um Bensheim sind mächtig und dick. Da kommt man nicht so einfach hinein." „Lasst mich nur machen. Wir treffen uns heute um Mitternacht hier in der Vorstadt!" Oberst Wolf nickte lächelnd. Er glaubte nicht so recht, dass die Alte seinem Heer wirklich helfen könne.

Es war finstere Nacht. Auf der Mauer, die Bensheim umschloss, lag Schnee. Im Licht der Straßenlampen, deren Ölgeruch die Stadt durchzog, wirbelten weiße Flocken leise zu Boden. Bald lag der ganze Marktplatz unter einer kalten weißen Decke. Von der Turmuhr schlug es Mitternacht. Eine Gestalt lief durch die Vorstadt. Sie trug eine Laterne, deren Licht die Finsternis ein wenig erhellte. Beim Lager der Soldaten machte sie Halt. Dort wartete schon Oberst Wolf. „Ihr

meint es ja wirklich ernst", sprach er die Alte an, die nun frierend vor ihm stand. „Nun sagt mir, welche Zauberei uns helfen könnte, in die Stadt zu gelangen?" „Gar keine Zauberei!", erwiderte die alte Frau. „Ihr müsst mir nur folgen. Vertraut mir!" Der Heerführer rief seine Soldaten zusammen, und ein langer Zug von Menschen setzte sich leise in Bewegung, allen voran die alte Frau mit ihrer Laterne.

Vor dem Mühlgraben, dessen Wasser die Mühlen der Stadt zum Laufen brachte, machte die Frau Halt. Sie zeigte auf eine Stelle, wo der Bach unter der Stadtmauer hindurch nach Bensheim hineinfloss. „Seid Ihr mutig, Ihr und Eure Soldaten?", fragte sie. Der Oberst nickte. Nun ahnte er, was die Frau ihm vorschlagen würde. „Hier an dieser Stelle", erklärte sie, „könnt Ihr in die Stadt hineingelangen. Es ist ein mühsamer Weg, er führt durch Dunkelheit und eisiges Wasser. Wollt Ihr es wagen?"

Oberst Wolf sah sich nach seinen Soldaten um. Einer von ihnen sagte leise: „Ich bin dabei!", und bald flüsterten viele Stimmen in der Dunkelheit: „Wir wagen es!" Die alte Frau lächelte. „Ich wusste es. Hier, nehmt die Laterne. Ihr Licht führt Euch in die Stadt." Mit diesen Worten gab sie Johann Wolf ihre Laterne und verschwand mit eiligen Schritten in der Dunkelheit, ihrem Haus zu. Dort wartete schon ihr Kätzchen auf sie. „Nun brauchen wir mutige Bayern und eine Portion Glück", erklärte sie der Katze und strich ihr über den glänzenden Rücken.

Inzwischen waren die Soldaten in das finstere Loch unter der Stadtmauer gekrochen. Die eisige Kälte drang ihnen

durch Mark und Bein, bis über die Knie wateten sie im kalten Wasser. Endlich hatten sie es geschafft. Sie standen auf dem Marktplatz von Bensheim. Die feindlichen Besatzer schliefen in den Häusern ringsum. Mit Schwertern bewaffnet ging das bayerische Heer von Haus zu Haus. Verschlafen blickten die Schweden und Franzosen in die Gesichter der bewaffneten Bayern. „Raus aus den Federn! Und raus aus der Stadt!" Völlig überrumpelt kleideten sich die feindlichen Soldaten an. Und schon nach kurzer Zeit waren sie aus der Stadt vertrieben.

An diese Begebenheit erinnert uns die Brunnenfigur. Und auch ein Sprichwort entstand daraus: Wer nur langsam und auf Umwegen zum Ziel kommt, dem sagt man nach, er gehe „hinnerum, wie die Fraa vun Bensem" – nämlich hinten herum, wie die Frau von Bensheim.

Ortsverzeichnis

Quellen

Die Sage vom Frankfurter Brickegickel
Jacob und Wilhelm Grimm: *Deutsche Sagen*. Kassel 1816/18. –
Originaltitel: „Die Sachsenhäuser Brücke zu Frankfurt".

Frau Holles Reich
Ludwig Bechstein: *Deutsches Sagenbuch*. Leipzig 1853. –
Originaltitel: „Frau Hollen Bad und Teich".
Jacob und Wilhelm Grimm: *Deutsche Sagen*. Kassel 1816/18. –
Originaltitel: „Frau Hollen Teich".
Heinz Rölleke: *Das große deutsche Sagenbuch*. Düsseldorf, Zürich 1996. –
Originaltitel: „Die Wohnung der Frau Holle".

Ritter Georg und der Drache am Brunnen
Heinz Rölleke: *Das große deutsche Sagenbuch*. Düsseldorf, Zürich 1996. –
Originaltitel: „Der Lindwurm am Brunnen".

Der Erbacher Schlurcher
Heinz Rölleke: *Das große deutsche Sagenbuch*. Düsseldorf, Zürich 1996. –
Originaltitel: „Der Schlurcher".

Der Soldat und der Bettler
Jacob und Wilhelm Grimm: *Deutsche Sagen*. Kassel 1816/18. –
Originaltitel: „Landgraf Moritz von Hessen".
Karl Lyncker: *Deutsche Sagen und Sitten in hessischen Gauen*. Kassel 1854. –
Originaltitel: „Landgraf Moritz und der Soldat".

Die Sage vom Irrkraut
Heinz Rölleke: *Das große deutsche Sagenbuch*. Düsseldorf, Zürich 1996. –
Originaltitel: „Das Irrkraut".

Der Schinderhannes
http://www.schinderhannes-festspiele.de/mythos-hannes/sagen-legenden/

Der Traum vom Schatz im Lautertal
Johann Wilhelm Wolf: *Hessische Sagen.* Göttingen, Leipzig 1853. –
Originaltitel: „Schlangen ausgegraben".

Schuster Jobst und die Wichtelmännchen
Karl Lyncker: *Deutsche Sagen und Sitten in hessischen Gauen.* Kassel 1854. –
Originaltitel: „Schuster Jobst".

Der lange Hannes
Johann Wilhelm Wolf: *Hessische Sagen.* Göttingen, Leipzig 1853. –
Originaltitel: „Der lange Hannes in Fulda".

Wie die Stadt Nidda ihren Namen bekam
Jacob und Wilhelm Grimm: *Deutsche Sagen.* Kassel 1816/18. –
Originaltitel: „Nidda".

Die Jungfrau im Scharfenstein
Heinz Rölleke: *Das große deutsche Sagenbuch.* Düsseldorf, Zürich 1996. –
Originaltitel: „Der Scharfenstein".

Die wilden Leute im Bernhardswald:
Heinz Rölleke: *Das große deutsche Sagenbuch.* Düsseldorf, Zürich 1996. –
Originaltitel: „Die wilden Leute".

Frankfurts Gründung
Heinz Rölleke: *Das große deutsche Sagenbuch.* Düsseldorf, Zürich 1996.
Ludwig Bechstein: *Deutsches Sagenbuch.* Leipzig 1853. –
Originaltitel: „Der Franken Furt".

Die Wiesenfrau von Auerbach
Ludwig Bechstein: *Deutsches Sagenbuch.* Leipzig 1853. –
Originaltitel: „Die Wiesenjungfrau und das Niesen".

Hexentanz auf dem Bechtelsberg

Heinz Rölleke: *Das große deutsche Sagenbuch*. Düsseldorf, Zürich 1996. –
Originaltitel: „Der hessische Blocksberg".
Karl Lyncker: *Deutsche Sagen und Sitten in hessischen Gauen*. Kassel 1854. –
Originaltitel: „Der Bechtelsberg".

Die Herborner Wunderquelle

Heinz Rölleke: *Das große deutsche Sagenbuch*. Düsseldorf, Zürich 1996. –
Originaltitel: „Herborn".

Die Teufelsmühle von Ilbeshausen

http://www.vogelsberg-touristik.de/Erzaehlte-Sagen.621.0.html. –
Originaltitel: „Die Teufelsmühle zu Ilbeshausen".
http://www.myheimat.de/grebenhain/natur/der-teufelstisch-im-hochwald-
m2316446,2445507.html. – Originaltitel: „Der Teufelstisch".

Die Moorjungfern von Wüstensachsen

Eugen Fehrle: *Sagen aus Deutschland*. Wien, Heidelberg 1953. –
Originaltitel: „Die Moorjungfern auf der hohen Rhön".

Der Meisterschütze im Eschenheimer Turm

Ludwig Bechstein: *Deutsches Sagenbuch*. Leipzig 1853. –
Originaltitel: „Vom Eschenheimer Turm".

Der Ameisentopf

Heinz Rölleke: *Das große deutsche Sagenbuch*. Düsseldorf, Zürich 1996.
Karl Lyncker: *Deutsche Sagen und Sitten in hessischen Gauen*. Kassel 1854.

Wie die heißen Quellen in Wiesbaden entstanden

Johanna M. Ziemann: *Der Schwarze Führer Deutschland*. Freiburg i. Br.
2000. – Originaltitel: „Riese Ekko auf Drachenjagd".

Die Frau von Bensheim

http://www.joseph-stoll.de/index.php/joseph-stoll-platz/fraa-vun-bensem. –
Originaltitel: „Sage der Fraa vun Bensem".